남극의 환경,
남미의 규율

김봉철·김호 지음

남극의 환경, 남미의 규율

지구의 끝, 남극을 둘러싼 남미 국가들의 법제와 협력

알렙

들어가며

극지에 대한 인류의 관심은 오래전부터 시작되었지만, 문명으로부터의 거리와 혹독한 자연환경은 인간의 접근을 어렵게 했다. 그러나 과학과 기술의 발전, 항해술의 진보 등은 인간을 극지에 대한 도전과 탐험으로 안내했다. 이후 인간은 자연스럽게 경제적 이익 추구를 생각했고, 이는 극지의 과학적·환경적 가치와 충돌을 일으키기도 했다. 이러한 상황에서 국제 사회의 극지에 관련된 갈등은 구성원의 합의와 약속, 즉 규범을 통해서 평화적으로 해결함이 바람직하다.

특히 남극은 인류가 가장 마지막으로 접근한 미지의 공간이며, 환경에 관한 여러 문제가 국제 사회의 고민을 낳고 관리와 규율을 위한 새로운 실험장이 되기도 한다. 남극이 남아메리카와 지리적으로 가까워서 서로의 기후와 환경의 영향을 받는다는 점은, 환경 문제에 관한 남아메리카 방식의 접근도 시도해 볼 수 있겠다는 생각을 낳는다. 많은 남아메리카 국가가 자연과 환경에 관한 상당히 새로운 입법과 정책을 시도하는 것을 보면서, 남아메리카의 남극에 관한 관심과 법제가 연구의 대상이 될 수 있다는 생각으로 연결된 것이다. 이러한 고민에서 시작하여, 이 책은 다음과 같이 다섯 개의 장으로 구성됐다.

제1장에서는 극지, 특히 남극에 대한 국제 사회의 규율을 중심으로 살펴본다. 먼저 극지와 남극의 지리적·환경적 특성을 간략히 이해하고, 이어서 이 지역에 대해 국제 사회가 어떤 관심을 가져왔으며 이를 어떻게 조약을 통해 규율해 왔는지를 개관한다. 대표적으로 〈유엔해양법협약(UNCLOS)〉은 극지 해양 영역의 법적 지위를 규정하며, 〈폐기물 및 기타 물질의 투기로 인한 해양 오염 방지에 관한 런던 협약(LDC)〉과 그 의정서, 〈국제포경규제협약(ICRW)〉 등은 극지의 환경 보전과 관련된 국제적 논의를 보여준다. 또한, 극지를 항해하는 선박의 안전과 해양 오염 방지를 위한 주요 국제 기준으로는 〈국제해양오염방지협약(MARPOL)〉과 〈해상 인명 안전을 위한 국제협약(SOLAS)〉이 있으며, 이들은 극지 환경의 보호를 위한 실질적 수단으로 기능하고 있다.

제2장에서는 남극에 대한 국제적 규율의 중심인 '남극조약 체제(Antarctic Treaty System)'를 다룬다. 먼저 남극의 발견과 초기 활용 과정을 살펴보고, 이를 둘러싼 주요 국가들의 영유권 주장과 갈등 양상을 조명한다. 이러한 갈등을 평화적으로 해결하고 과학적 협력을 촉진하기 위해 1959년 〈남극조약(Antarctic Treaty)〉이 체결되

었으며, 이후 여러 부속 문서와 함께 '남극조약 체제'로 발전했다. '남극조약 체제'는 과학적 조사, 군사적 이용 금지, 환경 보호 등 다양한 분야에서 규범적 틀을 제공하고 있으며, 특히 〈환경 보호에 관한 남극조약 의정서(마드리드 의정서)〉는 남극의 생태계를 보호하기 위한 핵심적인 장치로 작동한다.

제3장에서는 남아메리카의 남극에 관한 관심과 도전을 설명한다. 지리적으로 남극과 인접한 남아메리카는 역사적으로 남극과 긴밀한 관계를 맺어 왔으며, 이 지역 국가들은 남극 접근성과 전략적 중요성을 인식했다. 남극에 인접한 남아메리카의 국가들 사이에는 국경 분쟁이 존재했으나 외교적 해결을 통해 안정된 관계를 구축했고, 남극해 인근 섬들의 발견과 활용 과정에서는 영유권 갈등이 격화되어 전쟁으로까지 비화한 사례도 있다. 이러한 역사적 상황에서 남아메리카의 국가들은 '남극조약 체제'에 적극 참여하며 국제 규범 속에서 자국의 이해를 반영했고, 최근에는 남극의 환경 문제에 대응하기 위한 지역 차원의 협력도 활발히 이루어지고 있다.

제4장에서는 남극의 환경에 관한 남아메리카의 국가들이 가지는 규범을 살펴본다. 칠레는 남극 활동을 체계적으로 수행하며 자국의 관할권과 환경 보호를 위한 제도적 틀을 발전시켜 왔고, 아르헨티나 역시 오랜 남극 활동의 역사 속에서 과학 조사와 환경 관리에 주력해 왔다. 브라질은 비교적 늦게 남극에 진출했지만, 지속적인 과학 연구와 국제 협력을 통해 존재감을 확대했다. 특히 주목할 만한 점은 남아메리카의 국가들이 자국의 남극 정책을 국

내법으로 제도화하고 있다는 점이며, 칠레의 경우 '남극법'을 통해서 남극 활동을 법적으로 규율하고 있다. 이 법은 칠레의 남극 영토 주장과 함께 남극 정책에 관련된 국가 기관들의 역할을 명확히 규정하여, 국가 차원의 일관된 대응과 국제적 책임 이행을 가능하게 하고 있다.

제5장에서는 남극 문제에 대한 국제 사회의 관심과 함께 한국의 역할, 그리고 남아메리카와의 협력 가능성을 중심으로 살펴본다. 남극에서는 영유권 주장을 둘러싼 갈등이 지속되고 있으며, 환경과 생태계를 보호하기 위한 해양 보호 구역의 설정이 중요한 국제적 과제가 되었다. 기후변화와 같은 지구적 문제에 효과적으로 대응하기 위해서는 국제적 협력이 필수적이며, 이 과정에서 한국과 남아메리카의 협력 가능성도 주목받는다. 한국은 〈남극활동법〉과 〈극지활동진흥법〉으로 남극 활동의 법적 기반을 정비하고 있으며, 과학 연구, 환경 보호, 지속가능한 이용을 위한 정책을 강화하고 있다. 이러한 정책적 기반 위에서 한국은 남극의 환경 보호를 위한 실질적인 활동을 수행하고 있는데, 남아메리카 구성원과의 지리적·전략적 연계를 바탕으로 협력을 지속하면 더욱 효율적인 국제 사회 참여를 할 수 있다.

지은이는 한국외국어대학교 국제학부에서 다양한 국적의 학생들과 함께 지내면서, 극지에 관한 논제가 국제 사회를 이해하는 데 유용한 도구가 되며 학생들과의 토론 주제로도 적합하다는 점을 깨달았다. 극지를 방문했던 기억은 현재도 이어져서 극지를 연구하는 전문가들과 교류할 기회도 많아졌고, 극지 연구자들과 함께 이 미지의 공간을 관찰하고 연구하기 위해 한국외국어대학교에 '극지연구센터'를 설립하게 되었다. 극지연구센터의 역할은 앞으로 더욱 활성화될 것인데, 이 책이 그러한 상황을 위한 작은 보탬이 되었으면 한다.

한국외국어대학교 중남미연구소는 한국연구재단의 지원을 받아서 중남미의 환경과 생태 문제에 관한 연구를 수행하고 있는데, 지은이는 이 작업의 공동 연구원으로 참여하여 자연권 사상과 같은 중남미 환경법의 새로운 시도가 국제 사회에도 시사하는 점이 많다고 느꼈다. 특히 남극과 남아메리카의 환경 문제가 서로 연결되어 있다는 생각은, 이 책을 준비하는 중요한 계기가 되었다. 그래서 이 책은 한국연구재단의 지원으로 수행되는 한국외국어대학교 중남미연구소의 연구라는 점을 밝히고자 한다.

이 책은 극지와 남아메리카 환경법에 관심을 가지고 연구와 교육을 이어온 두 명의 법학자가 그동안의 연구 성과를 바탕으로 보완하여 공동 집필한 결과물이다. 기획부터 원고 준비까지 전 과정을 함께한 공동 저자 계명대학교의 김호 교수는 꼼꼼하면서도 자상하고 배려 깊은 성품을 지녔으며, 그와의 협업은 언제나 원만하게 이루어졌다. 지은이는 김호 교수와 오랜 시간 함께 공부하고 연구하며 갈등 없이 학문적 교류를 지속했고, 그의 차분한 모습은 연구와 교육에 있어 큰 영감을 주는 존재였다. 앞으로도 두 사람의 공동 연구는 계속될 것이라는 확신이 있다.

이 책이 만들어지는 과정은 단순히 지은이의 작업이 아니었다.

극지에 관한 연구 및 탐험을 함께한 동료 연구자들과 제자들이 자료 조사와 원고 보완에 많은 도움을 주었으며, 책의 편집과 발간을 위해 애써주신 여러 관계자의 노력도 많았다. 세상에 혼자 할 수 있는 일은 거의 없듯이, 이 책도 많은 사람의 정성과 협력의 결과로 마무리되었다. 지은이는 이 책의 출간을 위해 도움을 아끼지 않은 모든 분에게 진심 어린 감사를 전하고자 한다.

CONTENTS

들어가며 · 5

제1장 극지와 남극: 국제 사회의 규율 · 13

제2장 남극에 관한 규율: 남극조약 체제 · 53

제3장 남극에 대한 남아메리카의 관심과 도전 · 85

제4장 남극의 환경에 관한 남아메리카의 규율 · 117

제5장 남극에 관한 국제 사회와 한국의 관심:
남아메리카와의 협력 가능성 · 149

참고문헌 · 179

제1장

극지와 남극:
국제 사회의 규율

1 극지 그리고 남극

극지(極地, Polar Region)는 지구의 북극과 남극 주변의 고위도 지역을 의미하며, 지리적 위치에 따라 북극과 남극으로 구분할 수 있다. 이러한 북극과 남극은 모두 낮은 태양 고도와 겨울철의 긴 어둠, 그리고 극한의 추위와 건조함이 특징이다. 특히 남극은 북극보다 훨씬 추운 기온을 유지하는데, 남극 기온은 여름에도 영하를 유지하며 겨울에는 영하 60도 이하로 떨어지기도 한다. 이는 북극이 주로 해양으로 이루어져 있지만 남극은 대륙으로 이루어져 있기 때문이다. 극지는 위도가 높아 겨울에는 극야(Polar Night) 현상이 나타나며, 여름에는 백야(Midnight Sun) 현상이 나타난다.

북극(Arctic Area)의 정확한 범위를 정한 국제법 조항은 없으므로 여러 연구의 목적이나 의도에 따라서 여러 범위로 설정될 수 있으나, 일반적으로는 북극점으로부터 북극권(Arctic Circle)이라고 부르는 북위 66도 이상의 범위에 해당하는 지역이라고 정의하는 경우

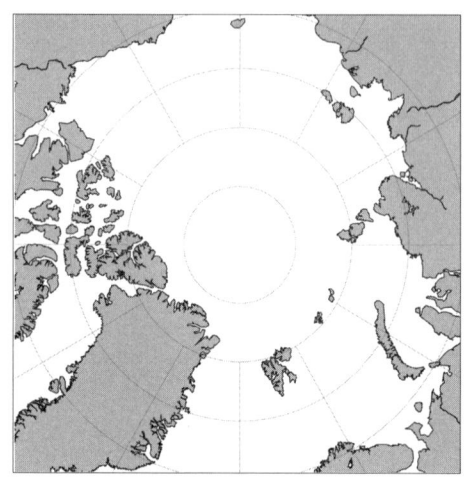

그림 1 • 북극과 주변 지역.

출처: 저자 제공.

가 많다. 이 범위에 해당하는 북극에는 북극해와 그 주변의 육지가 포함된다. 북극해는 주로 얼음으로 덮여 있으며, 그 주변에는 러시아, 캐나다, 노르웨이, 그린란드(덴마크), 미국(알래스카) 그리고 유럽의 스칸디나비아 국가(노르웨이, 스웨덴, 핀란드) 및 아이슬란드가 영토와 영해를 두고 있다. 북극해의 얼음인 해빙(海氷, Sea Ice)은 계절적 변동이 크며, 해빙의 변화가 북극 생태계에 많은 영향을 준다.

북극에는 약 300-400만 명 정도의 사람들이 거주하며, 이들 중 상당수는 이누이트(Inuit), 사미(Sami), 축치(Chukchi) 등으로 불리며 전통적 생활 방식을 유지하는 원주민들이다. 이들은 북극에 인접한 국가들의 국경이 형성된 시기보다 훨씬 이전부터 순록 목축,

물고기와 해양 포유류 사냥, 수공예 등의 활동을 통해 자연환경에 적응하며 살아왔다. 그러나 최근 기후변화와 자원 개발, 외부 문화의 유입으로 인해 전통 생활 방식이 위협받고 있으며, 이에 따라 원주민의 권리를 보호하고 이 지역을 지속가능한 개발이 이루어지도록 하려는 국제적 관심도 증가하고 있다.

남극(Antarctic Area)도 북극의 범위 설정과 비슷하게 남극권(Antarctic Circle)이라고 할 수 있는 남위 66도 이남의 지역이라고 설정할 수 있다. 그러나 1959년 체결된 〈남극조약(Antarctic Treaty)〉 제6조는 다음과 같이 이 조약의 적용 대상인 남극을 남위 60도 이남으로부터 남극점 사이의 범위로, 북극보다는 넓게 설정했다.

표 1 · 〈남극조약〉 제6조의 내용

> 이 조약의 규정은 남위 60도 이남의 지역, 즉 모든 빙붕을 포함한 지역에 적용된다. 그러나 본 조약의 어떠한 조항도 해당 지역 내 공해에 대한 국가의 권리 또는 국제법에 따른 권리의 행사에 대해 어떠한 방식으로든 영향을 미치거나 해를 끼치지 않는다.

남극에는 남극점을 중심으로 두꺼운 얼음층으로 덮여 있는 남극 대륙(Antarctic Continent, Antartica)이 있으며, 그 주변을 바다가 둘러싸고 있다. 북극 지역이 북극해를 중심으로 국가들의 영토가 둘러싸고 있는 것과는 달리, 남극에는 별도의 대륙이 존재하고 남극 대부분을 차지한다는 점에서 남극을 남극 대륙과 같은 의미로 이

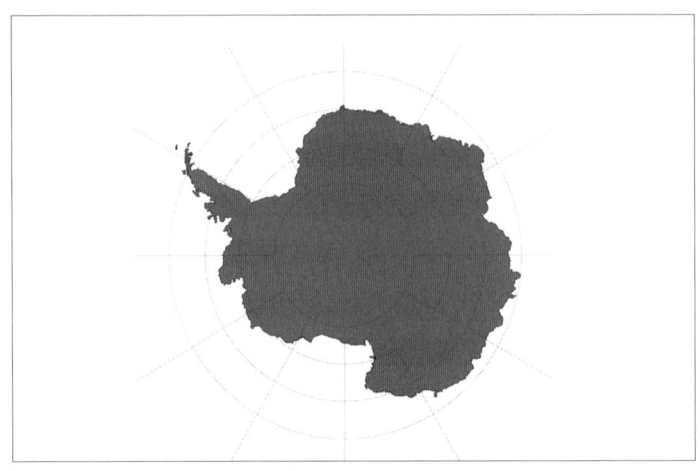

그림 2 · 남극 대륙.

출처: 저자 제공.

해할 수도 있다. 육지인 남극 대륙은 단일 국가가 아닌 〈남극조약〉 등의 국제조약에 근거해 북극보다는 비교적 체계적으로 관리되며, 〈남극조약〉의 통제 아래에 여러 국가가 연구 기지를 운영하고 있다.

한편, 남극의 해양 생태계 보존을 위한 〈남극해양생물자원보존협약(Convention on the Conservation of Antarctic Marine Living Resources, CCAMLR)〉은, 다음과 같이 제1조에서 이 조약이 적용되는 남극의 범위를 〈남극조약〉에 의한 범위(남극점과 남극 대륙을 포함한 남위 60도 이남의 사이)에 더해 보다 넓고 구체적으로 규정하고 있다. 이 조항에 따르면, 남극의 범위는 남극 대륙 이외에도 위도와 경도 등으로 명시된 남극수렴선(Antarctic Convergence Line) 사이의 지역이 더해진다.

표 2 · 〈남극해양생물자원보존협약〉 제1조에서 규정하는 적용 범위

제1조(적용 범위 및 정의)

1. 이 협약은 남위 60도 이남의 지역과 그 지역과 남극수렴선(남극 해양 생태계 일부를 형성하는 지역) 사이의 지역에 서식하는 남극 해양생물 자원에 적용된다.

(……)

4. '남극수렴선'이란 다음의 위도와 경도 지점을 차례로 연결한 선으로 정의된다.

    남위 50도, 동경 0도

    남위 50도, 동경 30도

    남위 45도, 동경 30도

    남위 45도, 동경 80도

    남위 55도, 동경 80도

    남위 55도, 동경 150도

    남위 60도, 동경 150도

    남위 60도, 서경 50도

    남위 50도, 서경 50도

    남위 50도, 동경 0도

이른바 남극의 환경적 특성을 나타내는 구역을 남극수렴대(Antarctic Convergence Zone)라고 하는데, 이 구역은 남극해의 차고 영양염이 풍부한 해수와, 해양의 따뜻하고 염분이 높은 해수가 만나는 자연적인 해양 전이 지역이다. 이 지역에서는 수온, 염분, 해양생물의 분포 등에서 급격한 변화가 나타나며, 수십에서 수백 킬로미터에 이르는 넓은 띠 형태를 보인다. 남극수렴대의 위치는 계절과 해류, 해양 조건에 따라 유동적으로 변할 수 있으며, 〈남극해양생물자원보존협약〉은 이러한 자연적 특성을 바탕으로 고정된 위도와 경도로 설정된 법적·행정적 경계인 남극수렴선을 설정한 것이다.

북극과 남극이 가지고 있는 생태계는 매우 독특하며, 극한 환경에 적응한 생물들이 서식한다. 북극에는 북극곰, 물개, 다양한 종류의 물새 등이 서식하며, 해양 생태계도 풍부하다. 북극의 해양 생태계는 플랑크톤, 어류, 해양 포유류 등으로 구성되며, 이는 북극해를 둘러싼 육지에 서식하는 육상 생태계와 밀접하게 연결된다. 남극에는 펭귄, 물개, 그리고 극지의 새들이 주로 서식하는데, 극한의 기후로 인해 식물의 종류는 제한적이지만, 이끼와 지의류 등이 생존한다. 남극은 다른 대륙과 멀리 떨어진 별도의 대륙이어서 독특한 생태계 구조를 가진다.

북극과 남극은 오랫동안 인간 활동이 상대적으로 제한된 지역이었으나, 최근 자원 탐사와 기후변화 연구로 많은 관심을 받고 있다. 북극은 석유와 가스 자원의 잠재적 매장지로 주목받고 있으며, 해빙 감소로 새로운 항로가 열리기도 한다. 남극은 과학 연구의 중심지로 지구의 기후변화 문제를 이해하는 데 중요한 역할을 한다. 극지 탐사는 기술적 도전과 높은 비용이 수반되지만, 잠재적인 경제적 이익과 과학적 가치가 이를 상쇄한다.

기후변화는 극지에 큰 영향을 미치고 있는데, 특히 해빙의 감소는 지구 온난화의 주요 지표이며 해수면 상승과 기후 패턴의 변화로 이어진다. 남극과 북극은 지리적 차이로 기후변화에 대한 반응에서 복잡한 모습을 보인다. 북극은 육지에 둘러싸인 바다이지만, 남극은 바다에 둘러싸인 대륙이다. 북극의 해빙은 일부 육지로 고정되지만, 남극의 해빙은 바다로 확장되며 작은 섬들로 일부만 고정된다. 북극 해빙이 녹으면서 북극곰과 같은 종의 서식지가 감소하고 있으며, 이는 생태계 전체에 영향을 미친다. 남극에서는 일부 빙하가 빠르게 녹고 있으며, 이는 전 세계 해수면 상승에 기여하고 있다. 이러한 변화는 극지의 생태계뿐만 아니라 전 세계 기후에도 영향을 미친다.

이러한 이유에서, 극지는 지구과학·기후학·생태학 등 다양한 분야의 연구가 이루어지는 중요한 지역이다. 북극에서는 기후변화의 실시간 모니터링과 해양 생태계 연구가 활발히 진행되고 있으며, 남극에서는 빙하와 대기 연구를 통해 지구의 과거 기후와 미래 변화를 예측하는 데 중요한 데이터를 제공한다. 극지의 빙하는 태양으로부터 나오는 복사 에너지를 반사하여 지구의 기온 조절에 중요한 역할을 하며, 해양의 순환 체계에도 영향을 준다. 따라서 북극과 남극의 변화는 지구 전체의 기후에 영향을 주고, 극지에서 일어나는 현상은 지구의 건강을 측정하는 중요한 지표가 된다. 결국 극지가 지구 전체의 기후 체계에서 중요한 역할을 하므

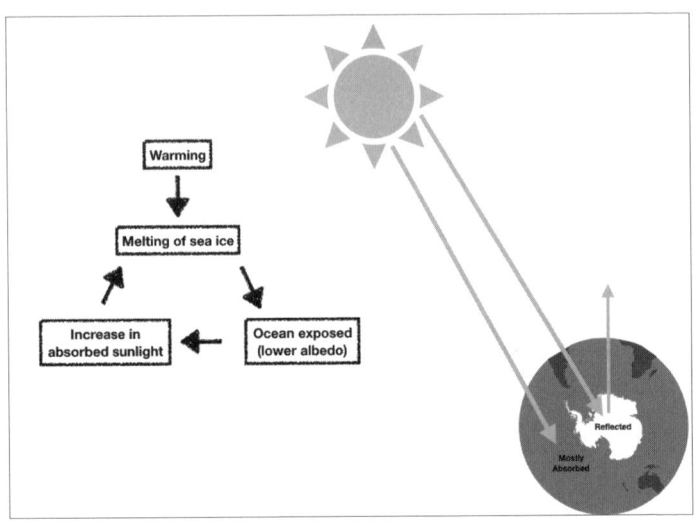

그림 3 · 극지에서의 알베도 효과를 설명하는 인포그래픽.
출처: 위키피디아.

로, 극지에 관한 연구는 지구에서 기후변화가 발생하는 원리를 규명하고 이에 대응하는 정책을 도출하는 중요한 역할을 하는 것이다.

극지에 대한 최근의 관심과 기후변화와 같은 변수는 극지를 보호하고 연구하며, 이를 위한 국제 사회의 협력을 확대해야 할 필요성을 낳는다. '북극이사회(Arctic Council)'는 북극 지역의 환경 보호와 지속가능성을 추구하는 정부 간 협의체이며, 해당 국가들과 원주민 단체들이 참여한다. 남극에서는 '남극조약 체제'가 국제적인 협력의 틀을 제공하며, 평화적 연구 활동과 환경 보호를 보장한다. 〈남극조약〉은 군사 활동을 금지하고, 과학 연구를 촉진하며,

환경 보호를 강화한다. 그러나 극지의 지속가능한 관리와 연구는 여전히 중요한 과제이며, 이를 바탕으로 하는 정책과 규범의 수립 그리고 실천이 필요하다. 연구 및 조사와, 정책 및 규범은 극지의 안정적 관리를 위한 선순환 구조의 요소들인 셈이다.

남극은 지구 육지의 9퍼센트 이상을 차지할 정도로 넓고, 세계에서 가장 춥고 혹독한 기상 조건과 낮은 강수량을 특징으로 한다. 역사적으로 많은 탐험가들은 남극 주변을 탐험했고, 1819년 영국의 윌리엄 스미스 선장이 세계 최초로 남극 대륙을 발견했다고 알려져 있다. 1911년 12월 노르웨이의 탐험가 아문센의 남극점 정복을 시작으로 20세기부터 남극은 많은 탐험가의 도전 대상이 되었으나, 일부를 제외하면 인간은 여전히 남극의 많은 부분을 완전하게 조사하지 못했다.

남극은 독특하고 민감한 생태계를 가지고 있는데, 이 생태계는 흙곰팡이, 지의류, 이끼류, 펭귄, 물개 등의 육상생물과 남극대구, 이빨고기, 크릴 등의 해양생물로 구성된다. 북극 지역과 마찬가지로 남극의 생태계는 인간의 활동으로 발생하는 영향이나 변화에 적응하거나 저항하기 어려운 취약성을 지니고 있으므로, 환경 보호와 생태계의 보호를 위한 예방적 조치가 필요하다. 또한 남극은 인간의 활동이 거의 미치지 않은 청정 지역으로서 기후변화에 따른 환경 변화를 극명하게 보여주는 기후변화 연구 최적지로 평가받는다.

남극은 여전히 조사의 대상이 많고 새롭게 발견되는 것도 많다. 예를 들어, 최근 빙저호라고 불리는 남극 빙하 아래에 존재하는 호수가 발견되었는데, 고립된 환경에서 독특한 생명체가 빙저호

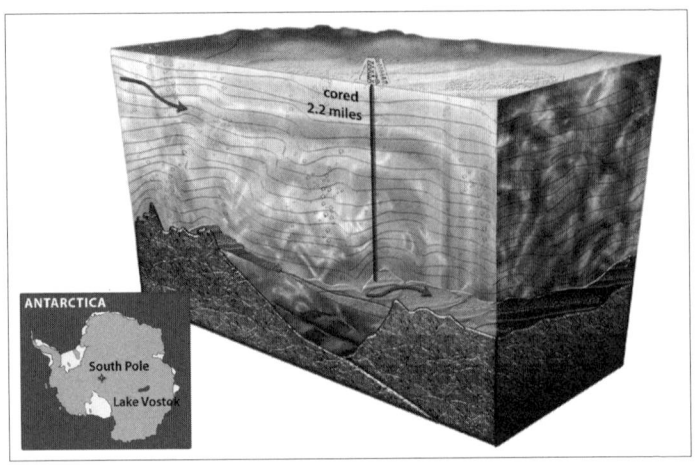

그림 4 · 남극 빙하 아래에 존재하는 빙저호.
출처: 위키피디아.

에 존재할 가능성이 있으므로, 이러한 곳은 새로운 생물학 연구에 중요한 장소가 된다. 한편, 남극은 금, 은, 우라늄, 석유, 천연가스, 메탄수화물 등 다양한 광물 및 에너지 자원이 풍부한 것으로 추정되는데, 이러한 자원은 미래의 자원 탐사와 개발에 중요한 역할을 할 수 있다.

1940년대 이후 남극에는 과학 기지가 본격적으로 건설되었으며, 이 기지들은 연구와 탐사를 위한 월동대와 기지 유지 인력에 의해 운영되고 있다. 이러한 기지들은 남극의 환경과 생태계를 연구하고, 기후변화의 영향을 관찰하는 중요한 역할을 한다. 남극의 혹독한 기후와 고립된 위치에도 불구하고, 이곳에서 이루어지는 연구는 지구 전체의 기후와 환경 변화에 대한 중요한 정보를 제공한다. 이와 같은 조사와 연구 작업은 국제 사회의 '남극조약 체제'의 안정적인 규율에 따르고 있으며, 국제 사회 구성원들은 이와 같은 규율의 범위에서 활동하게 된다.

2 극지에 대한 국제 사회의 관심과 규율을 위한 조약들

극지는 지구의 환경과 인간의 생존에 중요한 역할을 하며, 국제 사회는 이를 보호하고 지속가능한 관리를 위해 협력하고 있다. 국제 사회의 지속적인 노력과 협력은 극지의 보호와 지속가능한 관리를 보장하는 데 필수적이며, 국제 사회에서 중요한 관심의 대상이다. 북극과 남극 모두 독특한 역사적·환경적 특성이 있어서, 이를 반영하여 효과적으로 관리하기 위한 국제적인 관리 및 규율(거버넌스) 체계가 구축되어 있다. 이러한 거버넌스 체계는 국제 사회의 협력체와 규범 등으로 구성되며 주로 환경 보호, 자원 관리, 과학 연구, 원주민 권리 보호 등을 대상으로 한다.

'북극이사회(Arctic Council)'는 1996년 오타와 선언을 통해 설립된 북극 지역의 정부간 협의체이다. 북극권 8개 국가(캐나다, 덴마크, 핀란드, 아이슬란드, 노르웨이, 러시아, 스웨덴, 미국)와 6개의 원주민 단체가 참여하며, 환경 보호와 지속가능한 개발을 목표로 한다. '북극이사회'의 정책 권고와 협력 프로젝트는 법적 구속력은 없지만 북극의 관리와 보호에 중요한 역할을 한다. 특히 북극의 개발은 경제

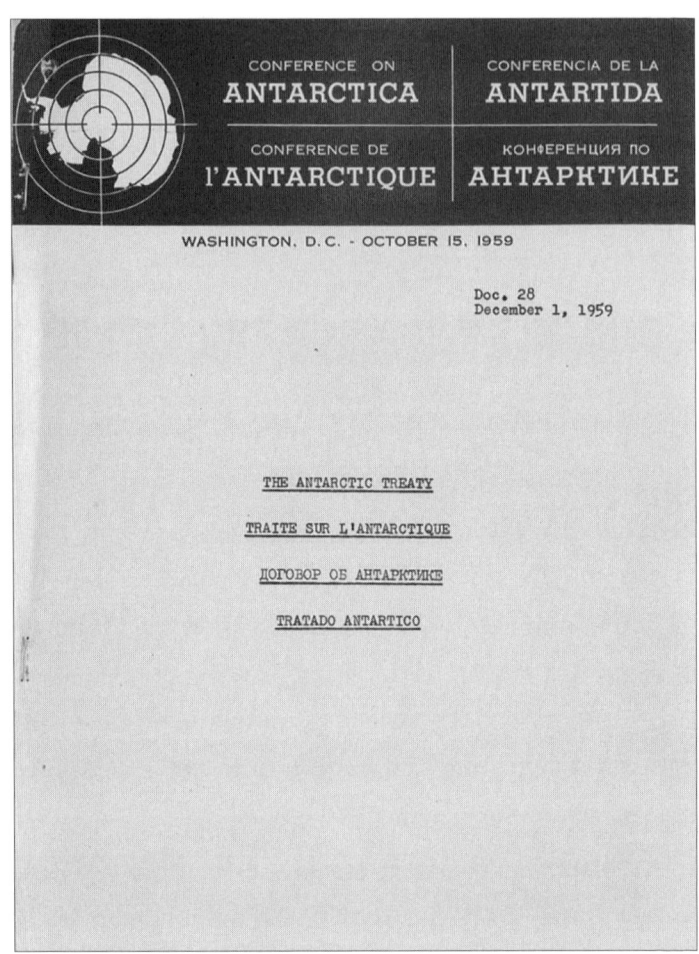

그림 5 · 〈남극조약〉 문서.
출처: 위키피디아.

적 이익을 제공할 수 있지만, 환경 파괴와 원주민 생계에 대한 위협 또한 초래할 수 있다. '북극이사회'는 원주민 단체와의 협력을 통해 이들의 목소리를 정책 결정 과정에 반영하고, 전통 지식과 생계를 보호하는 데 주력하고 있다. 이는 원주민의 전통적인 생활 방식과 북극 생태계를 보호하는 데 중요한 역할을 한다. '북극이사회'는 자원 개발과 환경 보호 사이의 균형을 유지하기 위해 엄격한 규제와 모니터링을 시행하고 있다.

'남극조약 체제(Antarctic Treaty System, ATS)'는 남극에 관한 국제 사회 주요 규율 체계로, 〈남극조약〉을 중심으로 형성되었다. 〈남극조약〉은 1959년에 체결되어 1961년에 발효된 조약으로, 남극 대륙을 평화적 연구와 과학 탐사의 목적으로만 사용하도록 규정한다. 이 조약은 군사 활동을 금지하고, 영유권 주장을 동결하며, 과학적 연구의 자유를 보장한다. 〈남극조약〉은 남극 대륙의 환경 보호와 국제 협력을 촉진하는 데 중요한 역할을 한다.

〈남극해양생물자원보존협약(Convention on the Conservation of Antarctic Marine Living Resources, CCAMLR)〉은 1980년에 채택된 조약으로, 남극 해양 생태계를 보호하고 지속가능한 어업을 보장하기 위해 제정되었다. 이 협약은 남극 해양생물의 보존과 관리, 어업 활동의 규제, 과학적 연구를 통한 생태계 모니터링 등을 목표로 한다. 이 협약은 또한 남극 해역의 생물 다양성 보호에 이바지한다. 〈환경 보호에 관한 남극조약 의정서(Protocol on Environmental Protection to the Antarctic Treaty, 마드리드 의정서)〉는 〈남극조약〉의 주요 부속서로, 1991년에 채택되고 1998년에 발효되었으며 남극의 환경 보호를 위한 구체적인 규정을 포함하고 있다. 이 의정서는 남극과 주변 해역에서의 모든 활동이 환경에 미치는 영향을 최소화하도록 규제하며, 광물 자원 탐사와 개발을 금지한다. 또한, 남극 대륙의 생태계 보호, 오염 방지, 환경영향평가 등을 규정한다.

'남극조약 체제'는 과학적 연구의 자유와 국제 협력을 촉진한다. 남극 대륙에는 다양한 국가의 연구 기지가 운영되고 있으며, 이들은 기후변화, 생물 다양성, 지질학 등 여러 분야에서 공동 연구를 수행한다. 국제 협력은 남극의 과학적 데이터 공유와 연구 성과의 확산을 가져오고, 전 지구적 환경 문제 해결에 중요한 역할을 한다. 북극의 경제적 활용에 대한 고민과 달리, '남극조약 체제'는 남극 대륙의 자원 개발을 원천적으로 엄격히 금지한다. 특히, 〈환경 보호에 관한 남극조약 의정서〉는 남극 대륙과 주변 해역에서의 광물 자원 탐사와 개발을 금지하고, 이를 위반하는 행위를 엄격히 규제한다. 이는 남극 생태계의 보호와 지속가능한 관리에 중요한 기초를 제공한다.

국제 사회의 구성원들은 극지가 가지고 있는 극한의 환경을 보존하고 지속가능한 개발을 보장하기 위해서 다양한 조약을 만들었고, 이를 적용하며 극지를 관리하고 그곳에 관한 활동을 규율한다. 따라서 이러한 조약들은 주로 북극과 남극의 환경 보호, 자원 관리, 과학적 연구, 그리고 원주민의 권리 보호를 목표로 한다. 물론 이러한 조약들은 '북극이사회'나 '남극조약 체제' 등 국제 사회의 극지 관리 주체의 설립과 운영을 위한 근거로 작용하기도 한다. 결국 극지에 관한 여러 국제법인 조약은 다양한 기준에 따라서 분류할 수 있다.

우선 극지에 관한 조약은 해양과 같은 일반적인 사항을 규율하는 조약이 극지에도 적용되는 경우, 그리고 원래 극지에만 적용하도록 만들어진 조약으로 구분할 수 있다. 유엔이 제정한 해양에 관한 일반 조약인 〈유엔해양법협약(United Nations Convention on the Law of the Sea, 이하 UNCLOS)〉과 〈선박으로부터의 오염방지를 위한 국제협약(국제해양오염방지협약, Marine Pollution treaty, 이하 MARPOL)〉은 원래 모든 해양 또는 선박을 대상으로 하지만, 극지에 관한 특별한 규정을 설정한다든지 예외를 만들어서 극지에 특별히 적용될 가능성을 두었다.

예를 들어, UNCLOS은 1982년에 국제 사회가 유엔을 통해서 채택한 다자 조약으로, 해양 자원의 이용과 해양 환경 보호에 관한 국제법적 틀을 제공한다. UNCLOS는 극지 해역에도 적용되어 이 지역의 배타적 경제 수역과 대륙붕의 경계 설정에 중요한 역할을 하며, 극지 해양 자원의 관리와 보호를 위한 법적 기초를 마련한다. 국제 사회의 구성원들은 극지 해역에서의 자원 탐사, 개발, 해양 환경 보호를 위해서 UNCLOS의 규정을 준수해야 한다. 나아가 이 협약은 제234조에서 극지 해역의 특성을 반영한 특별 조항도 두었다.

극지에 관한 조약은 극지 전체에 적용되는 조약과 북극 또는 남극에 국한되어 적용되는 조약 등으로 나눌 수도 있다. 북극과 남극 모두에 적용되는 조약은 해양에 관한 UNCLOS나 MARPOL이 대표적이며, 〈극지해 운항선박을 위한 국제 기준(International

Code for Ships Operation in Polar Water, 이하 IMO Polar Code)〉역시 양 극지에 모두 적용될 수 있다. 이밖에 환경에 관련된 국제 사회의 여러 조약 역시 극지의 기후 논제에 보편적으로 적용될 수 있는 국제법의 범위에 포함될 수 있으며, 〈국제포경규제협약(International Convention for the Regulation of Whaling, ICRW)〉과 같은 동식물 보존과 남획을 방지하기 위한 협약도 이 범위에 포함된다.

〈스발바르 조약(Svalbard Treaty)〉은 북유럽 스칸디나비아반도와 북극점의 중간에 자리한 스발바르 제도의 영유권과 국제법적 문제를 해결하고자 1920년 파리에서 체결되었다. 이 섬은 18세기까지 주로 고래잡이 기지로 활용되었는데, 20세기 초반부터는 이곳에 사람들의 정착과 채광이 시작되었다. 이 조약의 공식 명칭은 〈스피츠베르겐의 지위를 규정하고 노르웨이에 주권을 부여하는 조약(Treaty regulating the status of Spitsbergen and conferring the Sovereignty on Norway)〉으로, 10개의 조항(Article)과 부속서로 구성된 비교적 짧은 국제법이다. 노르웨이는 스발바르 조약에 근거하여 스발바르 제도에 대한 통치권을 얻었으며 '스발바르 법'이라는 국내법도 제정했지만, 이 섬의 평화적 활용과 보호를 위한 노르웨이의 통치권은 제한되었다. 이처럼 노르웨이를 포함한 국가들의 이해관계를 조율하기 위해 체결된 스발바르 조약은 100년이 넘는 시간을 거치면서 40개국 이상의 국가들이 체결한 다자 조약으로 확대되었으며, 이제는 영토 분쟁 해결을 위한 조약 체결의 대표적인 사례로 평가되기도 한다.

극지에 관한 조약들은 체결국의 수와 지역 집중도 등을 기준으로 다자 조약, 지역 조약, 양자 조약 등으로 구분할 수도 있다. UNCLOS이나 MARPOL은 전 세계 여러 지역의 많은 국가를 회원국으로 하며, 북극에 관한 〈스발바르 조약〉이나 남극에 관한 〈남극조약〉 역시 전 세계 여러 국가가 참여하는 다자 조약이다. 어느 특정 지역에 편중된 국가들이 참여하는 극지 관련 조약도 있을 수 있는데, '북극이사회' 창설에 관한 오타와 선언(Ottawa Declaration)은 북극에 인접한 국가들만이 참여했고, 2008년 캐나다, 덴마크, 노르웨이, 러시아, 미국의 외교부 장관이 서명한 일루리사트 선언(Ilulissat Declaration)은, UNCLOS 등 기존 국제법이 북극해에 적용된다는 것을 확인하고 북극에 관한 별도의 규율 체계가 필요하지 않다고 명시했다.

1867년 당시 러시아 제국이 알래스카를 미국에 매각하는 약속을 내용으로 하는 알래스카 할양 조약은 북극에 관한 양자 조약이다. 노르웨이와 러시아는 1988년 〈북극해와 바렌츠해 지역에서의 환경 보호와 자원 관리에 대한 협력을 강화하기 위한 협정(Agreement between Norway and Russia concerning cooperation on environmental protection in the Barents Sea and the Arctic Ocean)〉을 체결했고, 2010년에는 〈바렌츠해 및 북극해 해양 경계 획정 협정(Treaty between Norway and Russia concerning Maritime Delimitation and Cooperation in the Barents Sea and the Arctic Ocean)〉을 체결했다.

극지에 관한 국제 협력체와 국제법들은 여러 국가의 문제점에 공감하면서 현대 사회에서 빠르게 발전했다. 그러나 이 국제법들은 여전히 많은 과제도 지니고 있으며, 발전의 가능성도 있다.

표 3 · 극지 관련 조약의 분류

일반 조약을 극지에 적용하는 경우와 극지에 적용하기 위한 목적으로 조약을 체결하는 경우	
분류	일반 조약이 극지에도 적용되는 경우	극지에만 적용하기 위한 목적으로 체결된 조약
예시	MARPOL, 유엔해양법협약	스발바르 조약, 남극조약

적용의 대상 지역에 따른 분류		
분류	모든 극지에 적용되는 조약	북극에만 적용되는 조약	남극에만 적용되는 조약
예시	MARPOL, 국제포경규제협약, IMO Polar Code	스발바르 조약	남극조약, 남극환경보호의정서

조약의 체결 당사자의 분포와 수에 따른 분류		
분류	다자 조약	지역 조약	양자 조약
예시	MARPOL, 스발바르 조약, 남극조약	오타와 선언, 일루리사트 선언	노르웨이와 러시아의 바렌츠해 및 북극해 관련 협정들

예를 들어, 극지는 기후변화의 영향을 가장 먼저 그리고 심각하게 받는 지역 중 하나이다. 북극과 남극의 빙하는 놀라울 정도로 빠르게 녹고 있으며, 이는 전 세계 해수면 상승과 기후 패턴 변화에 기여하고 있다. 국제 사회는 이러한 기후변화에 대응하기 위해 협력하고 있으며, 극지의 기후변화 연구와 모니터링은 전 지구적 기후 정책 수립에 중요한 데이터를 제공한다.

기후변화는 극지의 생태계와 인간 활동에 심각한 영향을 미치며, 이에 대한 국제적인 대응이 필요하다. 극지의 환경 보호와 지속가능한 개발은 국제 사회의 중요한 과제이다. 북극과 남극의 생태계는 인간 활동에 매우 민감하며, 자원 개발과 관광 산업의 확장은 환경에 큰 영향을 미칠 수 있다. 국제 협력을 통해 환경 보호 규제를 강화하고, 지속가능한 개발 모델을 도입하는 것이 필요하다. 이는 극지의 생태계를 보호하고, 기후변화에 대응하는 데 중요한 역할을 한다.

3 유엔해양법협약

〈유엔해양법협약(이하 UNCLOS)〉은 1982년에 유엔에서 채택된 조약으로, 해양 자원의 이용과 해양 환경 보호에 관한 포괄적인 법적 틀을 제공한다. 이 협약은 1994년에 발효되었으며, 현재 160개 이상의 국가가 가입하여 해양 활동을 규제하고 있다. UNCLOS는 국제 사회에서 해양법의 헌장으로 불리며, 해양과 관련된 다양한 활동을 체계적으로 규율하고 있다. UNCLOS는 주로 국제 사회의 배타적 경제 수역(Exclusive Economic Zone, EEZ), 대륙붕(Continental Shelf), 공해(High Seas), 해양 환경의 보호 등에 관한 기준을 설정하는 내용을 담고 있다.

예를 들어, UNCLOS는 연안국에 기선으로부터 200해리(약 370킬로미터)까지의 해역에 대한 배타적 경제 수역 선언의 권한을 부여하는데, 이 수역에서 연안 국가는 어업, 해양 자원 탐사 및 개발, 해양 환경 보호 등의 권리를 가지며, 자원을 관리하고 보존할 책임이 있다. 다른 국가들은 이 수역에서 항해, 상공 비행, 해저 케이블과 파이프라인 부설 등의 자유를 누리지만, 연안국의 권리를 존중해야 한다. UNCLOS는 기선으로부터 200해리 또는 대륙붕의 자연적 연장선까지 연안국의 대륙붕에 관한 주권적 권리를 부여한다. 연안국은 이 지역에서 자원을 탐사하고 개발할 수 있다.

UNCLOS는 공해에 관한 규정을 포함하고 있으며, 공해는 어느 국가의 주권도 미치지 않는 해역으로 정의된다. 공해에서는 모든 국가가 항해, 어업, 과학 연구, 케이블이나 파이프라인 부설 등의 자유를 가지며, 이러한 활동은 다른 국가의 권리와 의무를 침해하지 않는 범위 내에서 이루어져야 한다. 공해에서의 해양 환경 보호와 자원 관리에 관한 국제 협력도 강조된다. UNCLOS는 해양 환경 보호를 중요한 원칙으로 규정하고 있으며, 해양 오염 방지와 해양 자원의 보존을 위한 구체적인 조치를 제시한다. 연안국은 자국의 관할 해역에서 해양 오염을 방지, 경감 및 통제할 의무가 있으며, 오염 방지를 위한 국제 협력에 참여해야 한다. 해양 환경의 보호는 해양 생태계의 지속가능성을 보장하기 위한 핵심 요소로 평가된다.

UNCLOS는 연안국에 기선으로부터 12해리(약 22킬로미터)까지의 영해에 대한 주권을 인정한다. 영해에서는 연안국이 완전한 주권을 행사하며, 타국 선박은 무해 통항권(Right of Innocent Passage)을 가지지만, 연안국의 규범을 준수해야 한다. 접속 수역(contiguous zone)은 영해 기선으로부터 24해리(약 44킬로미터)까지 확장될 수 있으며, 연안국은 세관, 이민, 위생, 밀수 방지를 목적으로 통제를 할 수 있다. UNCLOS는 군도 국가에 군도 수역(archipelagic waters)을 설정할 권리를 부여한다. 군도 수역은 군도를 구성하는 섬들과 그 사이의 해역을 포함하며, 군도 국가의 주권이 미친다.

다만, 군도 수역 내에서는 다른 국가의 선박도 군도의 통항로를 통항할 권리(Archipelagic Sea Lanes Passage, 군도 통항권)가 인정되며, 이는 군도 국가의 안전과 질서를 해치지 않는 범위 내에서 이루어져야 한다. UNCLOS는 국제 해협에서 통항권을 규정하며, 모든 선박과 항공기가 국제 해협을 통과할 권리를 인정한다. 이러한 통항권은 항행의 자유를 보장하고, 국제 무역과 교통의 원활한 흐름을 촉진하기 위해 중요하다. 국제 해협에서의 통항은 통항국의 법률과 규정을 준수해야 하며, 통항국은 해협의 안전과 환경 보호를 위한 조치를 취할 수 있다.

UNCLOS는 극지의 해역에 관한 특별한 규정을 두고 있기도 하다. 북극해와 남극해 공간은 계절에 따라 분포가 달라지는 얼음과 바다로 구성되는데, 따라서 이러한 극지의 수역도 기본적으로

UNCLOS의 규율 대상이다. UNCLOS 제234조는 다음과 같이 '결빙 해역(Ice-covered Areas)'이라는 제목으로 북극해와 남극해에 관하여 특별한 규정을 두었다.

표 4 · 〈유엔해양법협약〉 제234조

> 연안국은 특별히 가혹한 기후 조건, 연중 대부분 그 지역을 덮고 있는 얼음의 존재가 항해에 대한 장애나 특별한 위험이 되고 해양 환경 오염이 생태학적 균형에 중대한 피해를 초래하거나 돌이킬 수 없는 혼란을 가져올 수 있는 경우, 배타적 경제 수역에 있는 결빙 해역에서 선박으로부터의 해양 오염을 방지, 경감 및 통제하기 위한 차별 없는 법령을 제정하고 집행할 권리를 가진다. 이러한 법령은 항행과 이용 가능한 최선의 과학적 증거에 근거하여 해양 환경의 보호와 보존을 적절하게 고려한다.

이 조항은 UNCLOS의 협상에서 북극해에 가장 많이 접하는 러시아와 캐나다의 주도로 극지 해역이 직접적으로 언급된 유일한 내용이다. 이 조항은 극지 해역, 즉 결빙 해역에서 선박으로부터의 해양 오염 방지, 감소 및 통제를 위한 차별이 없는 법령을 제정하여 집행할 권리가 연안국에 있음을 규정하는 동시에, 결빙 해역에 관한 국내법 제정과 규제의 근거를 제공한다. 이 조항을 근거로 러시아와 같은 인접 국가들은 북극해 선박 운항에 대한 국내법을 제정했다.

북극에서는 UNCLOS가 해양 자원 관리와 환경 보호에 중요한 역할을 하는데, 북극해의 배타적 경제 수역과 대륙붕에 대한 연안 국가들의 권리와 의무가 UNCLOS에 의해 규정되며, 자원 탐사와 개발 활동이 이를 기반으로 이루어진다. 북극해 해양 환경을 보호하기 위한 국제 협력도 UNCLOS의 원칙에 따라 진행된다. 남극은 기본적으로 남극 대륙을 중심으로 그 주변의 바다로 구성되는데, 남극에서는 UNCLOS와 '남극조약 체제'가 상호 보완적으로 작용한다. 〈남극조약〉은 남극 대륙의 평화적 이용과 과학적 연구를 규정하며, UNCLOS는 남극 주변 해역의 해양 자원 관리와 환경 보호를 위한 법적 틀을 제공한다. 남극해에서의 어업 활동과 해양 생태계 보호는 UNCLOS와 〈남극해양생물자원보존협약〉이 규제한다.

4 극지의 환경 논제: 〈런던협약〉과 의정서 그리고 〈국제포경규제협약〉

극지의 환경 논제는 현대 사회에서 가장 중요하게 취급되는 문제의 하나이며, 위에서 언급한 다양한 조약들이 이미 극지의 환경에 관련된 관심을 표현하고 규율 기준을 설정했다. 물론 이러한 조약들과는 별도로 환경 논제 자체를 핵심 사항으로 규율하면서 당연히 극지의 환경 문제를 규율하게 되는 경우도 존재한다.

 1972년 채택된 〈런던협약(폐기물 및 기타 물질의 투기에 의한 해양 오염 방지에 관한 협약, Convention on the Prevention of Marine Pollution by Dumping of Wastes and Other Matter, 이하 런던협약)〉은, 해양 오염을 방지하기 위해 마련된 최초의 포괄적 국제 조약 중 하나이다. 〈런던협약〉은 해양에 폐기물을 투기하는 행위를 규제하며, 특히 독성 폐기물과 같은 유해 물질의 투기를 금지하거나 제한한다. 〈런던협약〉은 극지해를 포함한 지구의 모든 해양을 대상으로 하고, 영해, 배타적 경제 수역, 공해를 포함한 모든 해역이 적용 범위에 포함된다.

이후 〈런던협약〉의 효과를 강화하고, 새롭게 대두된 해양 오염 문제에 대응하기 위해 1996년에는 〈런던의정서(1996 Protocol to the London Convention, 이하 런던의정서)〉가 채택되었다. 이 의정서는 〈런던협약〉을 대체하거나 보완하는 역할을 하며, 시대의 변화를 반영하여 이전보다 엄격한 규제와 현대적 접근법을 규정에 도입했다. 특히 〈런던의정서〉는 해양 투기에 대한 국제 사회의 예방적 접근을 강조하며, 해양 환경 보호를 위한 강화된 규제를 포함했다.

〈런던협약〉 그리고 이후 마련된 〈런던의정서〉는 오랜 시간 해양에서 이루어지던 폐기물의 투기를 규제하는 국제적 기준을 설정하고 이 문제에 관하여 국가들 사이의 협력을 촉진했다. 결과적으로 이 조약들은 국제 사회에서 위험한 폐기물의 해양 투기를 감소시키고 해양 환경 보호에 대한 인식을 제고했는데, 특히 이 두 개의 국제법은 감시가 허술한 극지에 인접한 해양에서 이루어지던 폐기물의 투기를 방지하여 이 해역의 오염을 줄이는 중요한 역할을 했다. 북극과 남극 해역에서 벌어지는 해양 투기 행위는 이 협약의 규제를 받으므로, 결과적으로 이 협약이 해양 오염을 방지하기 위해서 국제 사회 구성원들의 협력을 촉진했다고 평가할 수 있는 것이다.

그러나 〈런던협약〉과 〈런던의정서〉에도 한계가 있고, 모든 회원국이 협약과 의정서를 효과적으로 이행하지 못하는 경우도 발생했다. 개발도상국들은 여전히 기술적·재정적 한계를 가지고 있으며, 이에 따라 협약과 의정서의 충실한 이행이 어렵다는 현실적 문제가 발생할 수 있는데, 일부 국가들은 협약과 의정서의 법적 구속력을 충분히 인식하지 않거나 자국의 법률에 반영하지 못하는 경우가 있다. 또한 해양 플라스틱 오염 등 새로운 형태의 해양 오염 문제는 기존 협약과 의정서가 규제하는 범위를 넘어설 수 있다는 문제점도 지적된다.

극지의 바다는 오랜 시간 동안 고래의 주요 서식지였으며, 이곳에 살고 있던 원주민들은 고래잡이와 사냥이 중요한 생존의 원천이었다. 그러나 문명의 인간은 산업적 이익을 위하여 극지에 접근하여 고래잡이를 시작했다. 여러 기술이 발전한 20세기 초반부터 급증한 산업적 포경은 고래 개체수에 심각한 영향을 미쳤고, 1930년대부터는 이에 대한 국제 사회의 우려가 커지기 시작했다. 이러한 배경 속에서 고래 자원의 보존과 포경 활동의 규제를 목적으로 1946년 〈국제포경규제협약(ICRW)〉이 체결되어 1948년부터 발효되었다. 이 협약은 고래 자원의 무분별한 고갈을 막고, 장기적으로 지속가능한 이용을 도모하기 위한 국제적 노력의 출발점이었다. 이 협약은 과도한 포경으로 인한 고래 개체수의 급격한

그림 6 · 1924년 로스해에서 촬영된 고래 사냥 현장.
출처: 뉴질랜드 박물관.

감소를 방지하고, 고래 자원의 지속가능한 이용을 보장하기 위해 마련되었다.

국제 사회는 이 조약의 이행을 감독하고 고래 자원의 보존과 포경 관리에 관한 결정을 내리는 국제기구인 '국제포경위원회(International Whaling Commission, 이하 IWC)'를 설립했다. IWC는 고래 자원의 상태를 평가하고, 필요에 따라 포경 활동을 규제하는데, 여기에는 포획할 수 있는 고래의 수, 포획 방법, 포획 시즌 등의 규정이 포함된다. 또한 IWC는 고래 자원의 상태를 과학적으로 평가하기 위해 연구를 장려하며, 이를 바탕으로 포경 규제에 관한 결정을 내린다. 이 협약에 가입한 각 국가는 자국의 포경 활동과 관련된 데이터를 IWC에 보고해야 하는데, 이 데이터는 고래 개체

수 평가와 규제 조치에 중요한 역할을 한다.

1982년 IWC는 상업적 목적으로 고래를 포획하는 것을 금지하는 결정을 했다. 이 조치는 고래 자원의 회복을 목적으로 하며, 현재까지도 중요한 규제로 작용하고 있다. 다만, 과학적 연구 목적으로 승인된 포경과 원주민의 전통적 관습에 따른 일부 포경은 여전히 허용된다. 이러한 예외 규정은 엄격한 감독과 보고 체계를 통해 관리되는데, 특히 북극해를 터전으로 생활을 일구는 토착 소수 민족의 전통적인 포경이 이러한 예외 조항의 적용 대상이다.

〈국제포경규제협약〉은 고래 자원의 지속가능한 이용과 해양 생태계의 보전을 위한 국제 사회의 중요한 공동 노력이라고 평가된다. 이 협약은 고래의 보호를 위한 국제 사회 공통의 기준을 설정하고, 국가들의 협력을 유도하는 긍정적인 성과를 얻었다. 특히 다양한 고래의 안식처가 되는 극지 해역은 이 협약의 적용으로 고래 개체수의 안정적인 유지를 위한 기반을 마련할 수 있었다. 그러나 일부 국가의 이탈, 규제의 회피 가능성, 예외 조항의 남용 등, 이 협약이 여전히 해결해야 할 과제도 있다. 향후 이 협약의 효과적인 이행과 규제 강화, 과학적 근거에 기반한 정책 수립이 더욱 요구되며, 국제 사회의 지속적인 관심과 협력이 필요하다.

〈런던협약〉과 〈런던의정서〉, 그리고 〈국제포경규제협약〉은 비록 금지하거나 규율하는 대상 행위에는 차이가 있지만, 공통적으로 국제 사회가 지구의 모든 해양을 대상으로 해양 오염을 방지하고 해양 생태계를 보호하기 위해 마련한 국제법이라는 점에서 유사한 특징을 지닌다. 이들 협약은 특정 지역에 국한되지 않고, 전 세계 모든 국가가 가입할 수 있는 UNCLOS와 같은 다자간 조약이라는 공통점도 갖고 있다. 특히, 현실적으로 폐기물 투기나 포경 활동이 집중적으로 이루어졌던 극지 해역에서 이들 조약이 실질적인 효과를 발휘했다는 점도 주목할 만한 특징이다.

5 극지의 해양 환경 보호와 선박의 안전을 위한 국제 기준: MARPOL, SOLAS, Polar Code 등 IMO의 조약들

〈선박으로부터의 오염방지를 위한 국제협약(이하 MARPOL)〉은 유엔 산하의 국제 해사 기구(International Maritime Organization, 이하 IMO)가 오랜 기간 노력해 1973년 처음 제정되었다. 현재 적용되는 이 협약은 1973년의 협약과 이후 1978년에 제정된 의정서를 통합한 것으로, 1983년에 발효되었다. MARPOL에 가입한 회원국의 국기를 단 모든 선박은 항해 장소와 관계없이 협약에서 요구하는 사항을 준수해야 하고, 회원국은 자국 선박 등록부에 등록된 선박에 대한 책임이 있다. MARPOL의 회원국은 약 160개국에 이르며, 지구의 바다를 항해하는 선박 대부분은 이 조약의 회원국 소속이다.

MARPOL은 선박으로부터 발생하는 오염을 부속서에서 구체적으로 유형화하면서, 이를 규제하는 자세한 사항들을 오랜 시간에 걸쳐서 꾸준히 보완했다. 현재 MARPOL 부속서의 적용 대상이 되는 선박으로부터 발생하는 오염의 유형은 다음과 같이 구분할 수 있다.

표 5 · 〈국제해상오염방지협약〉 부속서에서 구체적으로 규정된 선박으로부터의 오염

부속서	제목	발효
1	유류 및 유류가 포함된 물에 의한 오염	1983
2	대량의 유해(독성) 액체 물질에 의한 오염	1987
3	포장된 형태로 해상으로 운반되는 유해 물질에 의한 오염	1992
4	선박의 하수로 인한 오염	2003
5	선박에서 배출되는 쓰레기로 인한 오염	1988
6	선박 대기 오염	2005

이 협약과 부속서는 원칙적으로 전 세계 해역의 선박 모두에 적용되는 조약이다. 그러나 일부 해역에서 적용되는 사안들에는 예외가 있기도 했는데, 예를 들어, 유류에 관한 제1부속서가 발효된 이후 2011년 남극에서의 중유 사용을 금지하는 협약, 2020년에는 북극에서도 중유의 운송과 사용을 금지하는 내용으로 하는 MARPOL 협약 제1부속서를 개정하여 이 내용은 2024년에 발효되었다. 또한 이 협약에는 독성 액체에 관한 제2부속서, 유해 물질에 관한 제3부속서, 오수에 관한 제4부속서, 쓰레기에 관한 제5부속서, 오존 피해 물질, 질소산화물, 황산화물, 유기화합물 등 대기 오염에 관한 제6부속서 등 규제 사항이 꾸준히 추가 및 보완되었다.

이밖에 IMO의 〈국제선박평형수관리협약(Ballast Water Management Convention)〉과 국제항만국통제(Port State Control) 제도 등도 극지 해역에 적용된다. IMO는 국가 사이의 선박 이동으로 선박의 평형을 유지하려고 적재하는 평형수에 있던 외래 생물체가 해양 생태계를 파괴할 위험을 방지하기 위하여 2004년에 〈국제선박평형수관리협약〉을 채택했다. 이러한 목적을 구현하기 위하여, 이 협약은 선박 평형수의 무단 배출을 금지하고 배출 조건 및 평형수 처리 장치의 설치를 규정했는데, 극지 해역을 항해하는 선박에도 이 기준이 적용된다. 국제항만국통제 제도는, 조약에 근거하여 항만국이 외국 선박의 국제 기준을 준수하는지 여부를 점검하고 필요한 경우에 선박의 운항을 통제하는 제도이다. 따라서 항만국의 극지 해역으로 향하는 선박이 극지에 관련되는 IMO 협약을 준수하는지를 확인하여 실제로 적용하는 역할을 하는 것이다.

표 6 · 선박으로 인한 오염과 해양 생태계 파괴 방지를 위한 국제 해사 기구의 국제법

오염과 해양 생태계 파괴 방지 목적의 기준 규범 (일반 조약이지만 극지 해역 항해 선박에 적용)	IMO 기준의 적용을 위한 제도 (극지 해역 선박에 대한 적용)
국제해양오염방지협약 (Marine Pollution treaty, MARPOL)	국제항만국통제 (Port State Control) 제도
국제선박평형수관리협약 (Ballast Water Management Convention)	

그림 7 · 엑슨발데즈호의 원유 유출 사고로 인해 오염된 알래스카 해안.

출처: Flickr.

1989년에는 알래스카 인근 북극해에서 엑슨발데즈 유조선의 유류 오염 사고(Exxon Valdez oil spill)가 있었다. 이 사고는 정유회사인 엑슨모빌(Exxonmobil) 소유의 유조선이 알래스카 남쪽 해안의 프린스 윌리엄 사운드(Prince William Sound)에서 좌초되면서 1,100만 갤런의 유류가 유출된 사고였다. 이 사고는 인근 해역의 주요 해양 생태계를 파괴했고, 산정하기 어려울 규모의 어획량 감소 등 경제적 손실까지 낳았다. 국제 사회는 이 선박의 유류 오염 사고 이후에 북극해를 항행하는 선박의 건조, 설비, 운항 방식 등에 대한 통일된 규칙의 필요성을 절감했다. 특히 미국, 캐나다, 노르웨이, 러시아 등 북극 인접국들의 각기 다른 관할 수역에서 선박의 안전과 기술 기준을 통일해야 할 필요성이 논의되었다.

사실 현대 사회에서 선박의 안전을 위한 기준 마련은, 이미 1912년 빙산과의 충돌에 의한 타이타닉(RMS Titanic)호의 침몰 사건을 계기로 시작되었다. 이 사건의 충격으로 국제 사회는 선박의 안전에 관한 구체적인 기준이 마련되어야 한다는 논의를 진행했고, 그 결과 13개국이 참여하여 1914년 개최된 '해상에서 인명의 안전을 위한 국제회의'가 개최되었다. 이 회의는 선박의 건조, 장비 및 운항에서 최소한의 안전 기준을 규정한 〈국제해상인명안전협약(International Convention for the Safety of Life at Sea, 이하 SOLAS)〉을 채택했다.

이 협약은 1929년과 1949년, 1960년과 1974년에도 선박의 위험성과 기술의 발전 등을 고려해 개정을 거듭했는데, 1991년 독일은 SOLAS를 개정하여 극지 해역과 같은 혹독한 환경에 필요한 선박의 안전성을 더욱 강화하자고 제안했다. 이러한 제안은 국제 사회 구성원의 긍정적인 반응으로 이어졌다. 이를 기반으로 IMO 외부 작업반(Outside Working Group, OWG)은 1998년에 북극해 선박의 안전을 규율하는 국제 기준 초안을 마련했다. 이 작업은 2002년 〈북극결빙수역운항선박가이드라인(Guideline for Ships Operating in Arctic Ice Covered Waters)〉의 제정으로 이어졌고, 다시 2009년에 남극해도 포함된 〈극지해운항선박가이드라인(Guideline for Ships Operating in Polar Waters)〉으로 발전했다.

이 과정에서 2007년 캐나다 유람선인 'MS Explorer'호가 남극해를 지나는 과정에서 빙하와 충돌하면서 좌초된 선박 사고가 발생

표 7 • IMO Polar Code의 주요 내용

구분	구성	주요 내용	법적 구속력
Part I-A	안전(Safety)	- 선박 설계 및 구조 - 운항 성능(항행, 안정성 등) - 항해 장비 및 통신 설비 - 인적 요소(선원 교육, 훈련 등) - 사고 대비 및 대응 계획	강제적 (SOLAS 기반)
Part I-B	안전에 관한 지침	- Part I-A의 기술적 요구 사항을 보완하는 지침 - 해석 및 적용 방법 안내	비강제적 (권고 사항)
Part II-A	환경 보호 (Environmental Protection)	- 오염 방지 장비 및 처리 기준 - 연료 및 폐기물 관리 - 극지 환경에서의 MARPOL 적용 사항	강제적 (MARPOL 기반)
Part II-B	환경 보호에 관한 지침	- Part II-A의 적용 해석, 추가적 고려사항 - 오염 최소화를 위한 운항 관행	비강제적 (권고 사항)

했다. 다행히 탑승객 154명 모두 구명보트를 타고 있다가 인근 선박에 의해 구조됨으로써 인명 피해는 없었지만, 이 사건을 계기로 국제 사회는 IMO에서 만들어진 가이드라인 수준의 기준들을 강제 규범으로 전환하자는 의견이 많아졌다. 결국 이러한 노력은 2014년 극지 해역 해상 운송에 관련된 대표적 규범인 〈극지해 운항선박을 위한 국제 기준(이하 IMO Polar Code)〉의 제정으로 이어졌

다. 이 국제법은 2017년 발효되었다.

결과적으로 IMO Polar Code는 해상에서 인간의 안전을 위한 SOLAS와 선박으로부터의 해양오염을 방지하기 위한 MARPOL의 취지를 더욱 구체화하면서, 기후변화 및 인간 활동 증가로부터 극지를 보호할 목적으로 제정되었으며 북극해와 남극해를 운항하는 모든 선박에 적용된다. 이 법의 본문은 제1부(안전 관련 강제 규정과 권고 규정)와 제2부(환경 오염 방지 관련 강제 규정과 권고 규정)로 구성되었으며, 극지해를 항행하는 선박의 설계, 건조, 설비, 항행 및 훈련 요건, 수색과 구조, 극지에서 환경과 생태계 보호 등을 규율한다.

IMO Polar Code의 제1부는 이러한 선박이 극지선박증서(Polar Ship Certificate)를 발급받을 의무, 선박 시스템과 설비가 SOLAS의 기준에 합치할 의무, 해당 선박이 극지해역운항매뉴얼(Polar Water Operational Manual, PWOM)을 선박 내에 비치해야 하는 의무 등을 명시했다. 제2부는 극지 해역을 항해하는 선박이 유류, 유해 액체 물질 또는 유해 액체 물질이 포함된 혼합물 등을 배출하는 것을 금지하고, 선박의 유형별로 연료탱크의 구조에 관한 요건도 규정했다.

IMO Polar Code는 극지방 해역에서 선박이 안전하고 친환경적으로 운항할 수 있도록 다양한 유형의 선박에 적용된다. 예를 들어, 북극 항로(Northern Sea Route)나 남극 관광을 위한 크루즈선과 같은 여객선은 승객의 안전을 확보하고 해양 오염을 방지하기 위한 장비를 반드시 갖추어야 하며, 강화된 선체 구조와 생존 설비가 요

표 8 · Polar Code에 따른 선박의 기술적 요구 사항

항목	주요 내용
선체 구조(구조 강도)	얼음의 압력에 견딜 수 있도록 설계 강화된 선박은 Polar Class 또는 동등한 빙해 적응성 기준을 충족해야 함.
추진 및 조타 장치	저온에서도 작동되는 추진 시스템과 방향타 장비, 그리고 얼음에 의한 손상 예방 설계가 필요함.
생존 설비	구조 지연 가능성을 고려하여 구명보트와 방한 장비 등 생존 설비를 강화해야 하며, 극한 환경에서도 선박 스스로 생존이 가능해야 함.
항해 및 통신 장비	극지방 특성에 맞춘 통신 장비, 항법 장치, 얼음 탐지 레이더 등을 구비해야 함.
환경 보호 설비	극지 해역에서는 해양 오염이 치명적이므로, 오염 방지 이중 선체, 폐기물 처리 시스템, 연료 유출 방지 설비 등 강화된 기준을 충족해야 함.
선원 훈련	선원들은 IMO Polar Code 교육을 이수하고, 극지 항해 경험과 응급 대응 능력이 요구됨.
극지해역운항매뉴얼	선박마다 극지 운항 시 위험 요소 및 대응 방안을 정리한 운영 매뉴얼을 구비해야 함.

구된다. 또한 자원 개발이나 북극 항로를 이용한 무역 활동을 수행하는 상선이나 화물선, 특히 LNG 운반선의 경우에는 이러한 해역에서 운항하는 것을 고려하여 선체를 특수하게 강화해야 한다. 극지방에서 연구나 보급 임무를 수행하는 탐사선이나 보급선은 극한 환경 속에서도 자립적으로 운항할 수 있어야 하며, IMO Polar Code에 따라 극지해역운항매뉴얼을 작성하고 이를 준수해야 하는 것이다.

이 IMO Polar Code에 가입한 회원국은, 이 국제 기준을 국내법으로 수용하도록 의무를 부담한다. 실제로 대부분의 IMO Polar Code 회원국들은 국내법 제정 또는 개정을 통해 이 국제법 기준을 자국의 선박에 적용한다. 따라서 IMO Polar Code 제정은 극지 해역에 진입하는 선박에 대한 구체적인 안전 및 환경 표준 규제가, 일부 연안국 중심의 폐쇄적 규제에서 벗어나 다자간 국제기구인 IMO가 중심이 되어 개방적이고 보편적인 규제로 전환했음을 의미한다. 그러나 러시아와 캐나다 등 일부 국가에서는, 결빙 해역에 관한 UNCLOS 제234조에 근거하여 자국 관할권인 극지 연안해역을 항해하는 선박에 대해서 IMO Polar Code보다 높은 수준의 안전 기준을 요구하기도 한다. 이처럼 국제법과 국내법의 관계 또는 국제법과 국제법의 관계가 복잡하게 얽히며 발생하는 문제점들도 해결해야 할 과제이다.

또한 처음 IMO Polar Code가 제정되는 과정에서 적용 대상 선박의 중유 사용과 운송 규제, 대기 오염 물질의 배출 규제, 비토착 생물종의 배출 규제, IMO Polar Code의 대상이 아닌 〈국제해상

인명안전협약〉 미가입 선박에 대한 안전 기준, 중수 방출과 수중 소음 규제 등의 문제가 제외되었다는 점 등은 향후 IMO를 비롯한 국제 사회가 꾸준히 보완해야 할 숙제가 되었다.

표 9 • 선박의 안전에 관한 조약의 변화

국제해상인명안전협약 (International Convention for the Safety of Life at Sea, SOLAS)	인명 피해 방지를 위한 일반적인 선박의 안전 기준(1912) (1929, 1949, 1960, 1974 개정)
북극결빙수역운항선박가이드라인 (Guide-line for Ships Operating in Arctic Ice Covered Waters)	북극해를 항해하는 선박의 안전을 규율하는 비강제 국제 기준(2002)
극지해 운항선박 가이드라인 (Guideline for Ships Operating in Polar Waters)	남극해도 포함된 극지해를 항해하는 선박의 안전을 규율하는 비강제 국제 기준(2009)
극지해 운항선박을 위한 국제 기준 (International Code for Ships Operating in Polar Waters, IMO Polar Code)	극지해(북극해+남극해)를 항해하는 선박의 안전 관련 규정과 환경 오염 방지 관련 규정(2014)

제 2 장

남극에 관한 규율:
남극조약 체제

1 남극 대륙의 발견과 활용

남극은 지구의 남쪽 끝에 위치하는 거대한 얼음 대륙으로, 남위 60도 이남의 지역을 포함한다. 남극의 중심에는 남극점(South Pole)이 자리하며, 이곳은 지구 자전축의 남쪽 끝으로서 지리적·기후적·지구물리학적으로 매우 중요한 지점이다. 남극은 지구상에서 가장 추운 지역으로, 극한의 기후 때문에 인간의 접근과 정착이 거의 불가능하다. 지리학적으로는 북극의 일반적인 범위처럼 남위 66도 이남의 범위를 남극권(Antarctic Circle)으로 정의할 수 있으나, 국제 사회에서는 대체로 1959년에 체결된 〈남극조약(Antarctic Treaty)〉의 적용 범위인 남위 60도 이남으로부터 남극점까지를 남극의 범위로 간주한다.

   남극은 바다가 중심이 아닌 육지가 중심이 되므로 해양 중심의 북극과 다른 면이 있다. 남극 대륙은 면적이 약 1,400만 제곱킬로미터에 이르며, 이는 아프리카 대륙보다 약간 작고, 오세아니아

그림 1 · 남극점에 위치한 표지판.
출처: 위키피디아.

전체보다 훨씬 크다. 지구상에서 해발 고도가 가장 높은 이 대륙의 98퍼센트 이상은 두꺼운 얼음층에 덮여 있는데, 얼음층의 평균 두께는 2킬로미터 정도이며, 일부 지역에서는 4킬로미터에 이르기도 한다. 거대한 얼음 덕분에, 남극은 전 세계 담수의 약 90퍼센트를 보유하고 있는 '지구의 냉장고'라 불린다.

남극 대륙은 이곳을 가로지르는 산맥을 기준으로 동부와 서부로 구분되기도 한다. 남극 대륙의 서부는 주로 지대가 낮고 많은 섬이 있으며 남아메리카와 가까워 비교적 접근하기 유리하지만, 동부는 주로 높은 산들로 구성되어 있고 서부에 비하여 접근성이 떨어진다. 대륙 표면은 평탄한 얼음과 함께 고지대, 빙하 협곡, 그

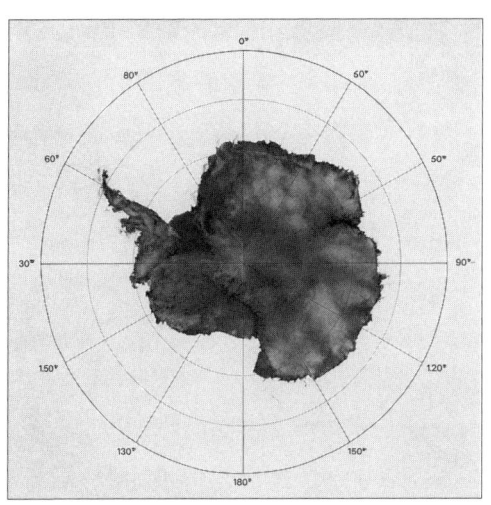

그림 2 · 남극 대륙의 지형.

출처: 저자 제공.

리고 보스토크호와 같은 대규모 얼음 호수 등 다양한 지형적 특징이 있다. 이러한 지형은 위성 자료와 지질 탐사를 통해 조금씩 밝혀지고 있으며, 지구의 기후변화 및 지질학적 진화사를 이해하는 데 핵심적인 정보를 제공한다.

남극은 지구상에서 가장 극단적인 기후 조건을 가진 지역이다. 평균 기온은 영하 40도에서 60도에 이르며, 동남극 내륙에서는 1983년 보스토크 기지에서 영하 89.2도까지 관측되었다. 강수량은 사막보다 적은 수준인 연간 평균 200밀리미터 정도이기 때문에, 남극은 한랭 사막(Cold Desert)으로 분류된다. 가혹한 남극의 기후는 인간이 상주하기 불가능하다는 평가를 낳는데, 지금까지 영구적인 인간의 거주지는 발견된 적이 없으며 현재 남극에 존재하는 시설은 대부분 과학 연구를 위한 기지이다. 이러한 기지는 국제 공동 연구를 위해 유지되며, 한국의 장보고 기지 등이 여기에 포함된다. 이들 연구 기지에 상주하는 인원은 연구 활동과 생태 보존을 목적으로 제한된 활동을 하며, 기지들은 겨울을 포함하여 연중 연구를 진행하지만 대부분 여름철에 집중하여 운영되는 경우도 많다.

  남극을 둘러싼 남극 해역은 남극해(Antarctic Sea) 또는 남대양(Southern Ocean)으로 불리며, 태평양, 대서양, 인도양, 북극해와 함께 세계 5대양 중 하나로 인정받는다. 과거에는 남극 해역이 태평양이나 남태평양의 일부로 평가되었으나, 남극의 해양이 독자적인 생태계와 특성을 가지기 때문에 별도의 대양으로 분류되었다. 남대양은 육지로 둘러싸여 있지 않고, 개방된 해양이기 때문에 북쪽의 여러 대양과 연결되어 있으며, 사실상 해양 경계가 명확하지 않다. 그러나 남극 해역에는 남극 환류(南極環流, Antarctic Circumpolar Current)라 불리는 강력한 원형 해류가 형성되어, 해수의 이동을 원형으로 순환시키며 기후 조절과 해양 생태계 형성에 중요한 역할을 한다. 이 환류는 북쪽의 따뜻한 해수와 남극의 찬 해수를 분리하여, 생물 다양성의 경계를 만드는 데도 결정적인 역할을 한다.

  이처럼 독특한 해양 환경을 고려해, 국제 수로 기구(International Hydrographic Organization, IHO)는 2000년 〈남극조약〉 당사국 27개국의 찬성으로 남위 65도 이남의 바다를 공식적으로 남극해 또는 남대양으로 지정했다. 이는 단순한 명칭의 변화가 아니라, 국제

그림 3 · 로알 아문센의 초상.

출처:미국 의회 도서관.

사회가 남극 해역의 기후적·생태학적 독자성을 인정하고 보존할 필요성을 공유한 결과이다. 남대양은 고유의 해양생물과 순환 시스템을 가지고 있어 기후변화, 어업, 해양 오염 등 다양한 지구 환경 문제와 직결된다. 따라서 국제 사회는 이 지역의 보존과 지속 가능한 이용을 위해서 과학적 감시 체계를 강화하고 있으며, 특히 '남극조약 체제'는 각국의 활동을 제한한다. 남극해는 현재도 해양법, 환경법, 기후변화 대응 등 여러 국제 협약과 연결되어 연구되고 있는 중요한 해역이다.

비교적 최근인 1819년 영국의 탐험가 윌리엄 스미스(William Smith)가 남극의 리빙스턴섬과 남셔틀랜드 제도를 발견하면서, 남극의 존재가 처음으로 세계에 드러났다. 이후 19세기에는 유럽 국가들이 물개와 고래잡이를 위해 남극 주변을 오갔고, 간헐적인 탐사가 이루어졌다. 남극에 본격적인 관심이 집중된 계기는 1911년, 노르웨이의 로알 아문센(Roald Amundsen)이 인류 최초로 남극점에 도달하면서였다. 20세기 초반에는 여러 국가가 남극 탐사에 뛰어들며 서로 영유권을 주장하기 시작했고, 제2차 세계대전 이후에는 미국이 대규모 탐사를 통해 남극 해안선 전체를 지도화했으며, 소련(러시아)도 남극 조사단을 파견하여 활발한 활동을 전개했다. 이처럼 주요 강대국들은 남극의 정치적·경제적·과학적 가치와 미래 전략적 중요성을 인식하고 경쟁적으로 접근했다.

2 남극 대륙에 관한 갈등: 영유권 주장

19세기부터 남극 대륙은 탐험가들과 과학자들의 주요 탐험 대상이 되었는데, 이러한 상황에서 일부 국가들은 남극 대륙의 특정 지역에 대한 자국의 영유권을 주장하기 시작했다. 현재까지 영국, 아르헨티나, 칠레, 노르웨이, 프랑스, 오스트레일리아, 뉴질랜드와 같은 국가들이 남극 대륙의 일부에 대한 영유권을 공식적으

그림 4 · 남극 탐험 중에 스키를 타고 정면을 향해 서 있는 로버트 F. 스콧 선장.
출처: 미국 의회 도서관.

로 주장하고 있는데, 대부분 20세기 초중반의 자국 탐험가의 활동, 지리적 인접성, 과거 제국주의적 관계를 근거로 삼고 있다. 남극 대륙에 대한 영유권 주장이 늘어나면서 국제적 긴장도 고조되었다. 〈남극조약〉은 남극 대륙의 평화적 이용과 과학적 협력을 목적으로 제정되었으며, 조약 발효 이전의 영유권 주장은 유보(pending) 상태로 간주한다. 따라서 〈남극조약〉에 근거하여 남극에 대한 국가들의 영유권 주장은 실질적으로는 효력을 갖지 않지만, 정치적·상징적으로는 여전히 유지된다.

남아메리카의 아르헨티나와 칠레와 같은 국가는 주로 지리적 인접성을 근거로 남극 대륙의 일부를 자국의 영토라고 주장한다. 아르헨티나는 남극 대륙에서 남극점으로부터 서경 25도와 서경 74도 사이의 지역을 아르헨티나 남극(Argentine Antarctica)으로 부르며 자국의 영토로 주장한다. 이 주장은 남극과의 지리적 근접성, 1904년부터 오르카다스(Orcadas) 기지를 통한 지속적 활동, 그리고 스페인 제국의 계승권 논리를 근거로 한다. 아르헨티나는 자국 내의 교육과 행정 체계에서 남극 영토를 통합적으로 다루고 있으며, 이 지역에 관한 군사적·과학적 지원이 이루어진다. 아르헨티나가 영유권을 주장하는 지역은 칠레 및 영국의 주장 지역과 일부 중복된다. 칠레 역시 아르헨티나와 비슷한 근거로 남극점으로부터 서경 53도와 서경 90도 사이의 지역에 대한 영유권을 주장하고 있다.

영국은 1908년 남극 대륙에서 남극점과 연결되는 서경 20도에서 서경 80도까지의 지역을 영국령 남극 지역(British Antarctic Territory)이라고 부르는 주권을 선언했다. 영국의 주장은 로버트 스콧(Robert Scott), 어니스트 섀클턴(Ernest Shackleton) 등 자국 탐험가들의 활동을 기초로 하며, 해당 지역 내 과학 기지 운영과 행정적 기구를 통해 존재감을 유지하고 있다. 오스트레일리아는 1933년 영국으로부터 해당 영토의 관리권을 위임받았다는 논리로 남극 대륙에서 남극점과 동경 45도와 동경 160도에 이르는 약 589만

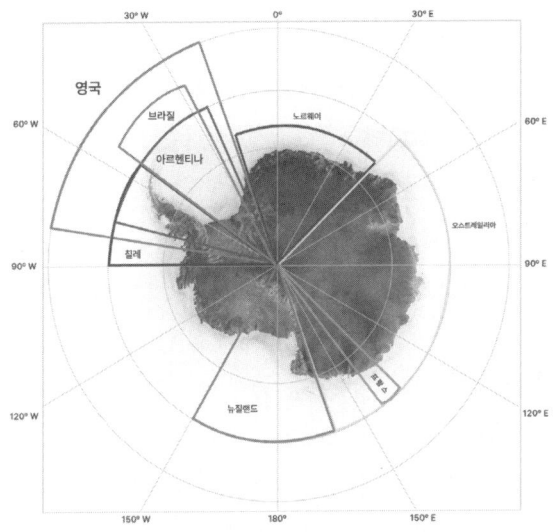

그림 5 · 남극에 대한 영유권 주장 국가와 범위.
출처: 저자 제공.

제곱킬로미터 정도의 면적에 대한 영유권을 주장한다. 뉴질랜드 역시 1923년 영국의 위임을 기반으로 남극의 로스해(Ross Sea)를 중심으로 남극점에 연결된 동경 160도와 서경 150도 사이의 지역을 로스 속령(Ross Dependency)이라는 이름으로 자국의 영토임을 주장한다.

프랑스는 1840년 쥘 뒤몽 뒤르빌(Jules Dumont d'Urville)의 탐사 활동을 주된 근거로 남극점으로부터 동경 136도와 동경 142도 사이의 남극 대륙 일부를 아델리 랜드(Adélie Land)라는 이름으로 자국령임을 주장한다. 이 지역에는 현재도 프랑스의 과학 기지 (Dumont d'Urville Station)가 운영되고 있다. 노르웨이는 아문센의 탐사 이력을 주요 근거로 1931년에 남극의 피터 1세섬(Peter I Island)을 자국령이라고 선언한 이후, 1939년부터는 남극점으로부터 서경 20도와 동경 45도에 이르는 지역을 퀸 모드 랜드(Queen Maud Land)라는 이름으로 영유권을 주장하고 있다.

브라질 역시 1986년부터 남극 일부에 대한 영유권을 주장하고 있지만, 그 시기가 가장 늦어 주목받지 못했다. 브라질은 〈남극조약〉에 따른 국제 사회의 비판을 의식하여 국내 문제로만 다루었고, 국제 사회에서 공식적으로 영유권 주장을 제기하지는 않았다. 따라서 이들 국가의 남극 대륙 영유권 주장에 대해서는 지금까지 논란이 잠재되어 있으며, 대체로 국제 사회에서는 공식적 인정이 되지 않는 것으로 평가된다. 물론 〈남극조약〉과 〈환경 보호에 관한 남극조약 의정서〉에 의하여 2048년까지 주장 자체에 대한 논의를 유보한 상태에 있다. 그러나 국제 사회가 이들의 주장과 근거를 계속 무시할 수도 없는 상황이 될 수도 있다.

이와 같이 남극 대륙의 일부에 대한 여러 국가의 영유권 주장에 비하면, 미국과 러시아는 남극 대륙에 대해 현재까지 공식적인 영유권을 주장하지 않고 남극을 '무주지'로 간주하여 특정 국가의 독점적 영유를 반대한다. 그러나 이들은 미래에 대한 권리 유보를 명시적으로 표방했고, 미국의 맥머도(McMurdo) 기지와 러시아의 보스토크(Vostok) 기지를 포함한 대규모 과학 기지의 운영으로 사실상 남극에서의 영향력을 행사하고 있다.

3 〈남극조약〉의 체결: '남극조약 체제'

세계대전 이후 냉전 시대의 정치적 상황은 남극에 관한 영유권 주장과 함께 갈등의 확대 가능성도 낳았는데, 미국과 소련을 비롯한 강대국들은 남극 지역을 군사적 목적으로 이용할 가능성을 줄이고 평화적 이용을 보장하기 위한 조약을 고민하게 되었다. 〈남극조약〉은 이러한 배경에서 남극을 평화적 목적이나 연구를 위해 보호하고 관리하고자 제정된 조약이다. 이 조약은 남극에 대한 국제 사회의 관심 증가와 냉전 시대의 정치적 배경 속에서 체결되었으며, 군사적 긴장이 고조된 상황에서도 과학적 협력을 통해 평화를 유지하려는 목적을 가지고 있었다. 이 조약의 체결은 남극의 관리와 이용에 대한 국제적 합의를 도출하려는 노력의 결과라고 평가할 수 있다.

1957년과 1958년의 국제지구물리년(International Geophysical Year, IGY)은 사람들이 남극에 대한 국제적인 과학적 협력의 필요성을 인식하게 한 중요한 계기였다. 이 기간에 12개국이 남극에서 과학적 연구를 수행하며 협력의 중요성을 재확인했으며, 이러한 협력의 성공을 바탕으로 남극의 평화적 이용과 과학적 연구를 지속하기 위해 조약을 체결하려는 협상이 시작되었다. 미국이 주도적인 역할을 하여 남극 문제에 대한 국제적 논의를 자극했고, 관련 국가들이 협상에 참여하게 되었다.

1959년 10월 미국에서 12개국이 모여 〈남극조약〉 초안을 작성하기 시작했으며, 이 국가들은 남극에서 활동하거나 남극에 대한 영유권을 주장하는 국가들이었다. 1959년 12월 이 12개국은 〈남극조약〉에 서명했고, 이 조약은 모든 서명국이 비준한 이후인 1961년 6월에 발효되었다. 당시 서명국에는 아르헨티나, 오스트레일리아, 벨기에, 칠레, 프랑스, 일본, 뉴질랜드, 노르웨이, 남아프리카공화국, 소련, 영국, 미국이 포함된다. 〈남극조약〉은 60개국 가까운 국가들이 서명국으로 참여하면서 국제 사회의 대표적인 다자 조약으로 발전했다. 〈남극조약〉 조항의 구성은 다음과 같다.

표 1 · 〈남극조약〉 조항의 구성

제1조	남극 지역의 평화적 목적/과학 연구만 허용, 이를 위한 군사 지원 이외의 군사 행위 금지
제2조	과학 조사의 자유 보장과 국제 협력 지속
제3조	과학 활동의 정보 교환과 과학자 교류와 과학 관측/ 결과의 교환과 자유로운 이용
제4조	남극 지역의 영토 주권 또는 영토에 관한 영유권 주장의 동결
제5조	핵폭발과 방사선 폐기물 처분 금지
제6조	조약 적용 지역(남위 60도 이남의 모든 빙원을 포함한 지역) 명시
제7조	남극의 모든 지역과 타국 기지에 대한 완전한 자유 사찰 허용

제8조	사찰 요원과 교류 과학자에 대한 재판권 소재 명시
제9조	협의 당사국 권한과 남극조약 협의 당사국 회의 설명
제10조	유엔헌장 준수 의무 명기
제11조	체약국 간 분쟁 해결의 평화스러운 협의
제12조	남극조약 협의 당사국이 조약을 수정하고 개정 가능성 명시
제13조	조약의 비준과 가입 절차
제14조	조약의 정문(영어, 프랑스어, 러시아어, 스페인어) 작성

이 조약의 핵심 원칙에는 '남극은 평화적 목적으로만 사용되어야 한다(제1조)'와 '남극에서의 과학적 조사의 자유와 협력을 확립해야 한다(제2조)' 그리고 '남극에서의 과학적 조사 및 관측의 결과는 자유롭게 공유하거나 활용할 수 있어야 한다(제3조)' 등이 있다. 이를 위해서 〈남극조약〉이 발효되는 동안 발생하는 어떠한 행위나 활동도 남극의 영토 주권 주장에 대해 지지 또는 부정될 수 없고 남극의 주권에 대한 권리를 창출하기 위한 근거가 될 수 없다(제4조). 현재 조약이 발효 중인 동안 남극의 영토 주권에 대한 새

로운 주장이나 기존 주장의 확대는 인정될 수 없다. 〈남극조약〉에 따라서 남극에서는 어떠한 핵실험도 인정되지 않으며 핵 원료 사용 및 방사능 물질의 폐기도 금지된다(제5조). 남극에서 원활한 연구와 조약의 준수를 보장하기 위해서 남극의 모든 연구소, 설비와 장비는 항상 검사를 위해서 개방되어야 한다(제7조). 〈남극조약〉의 주요 내용을 정리하면 다음과 같다.

표 2 · 〈남극조약〉의 주요 내용

평화적 목적의 활용	남극은 오직 평화적 목적을 위해서만 사용되어야 하며, 군사 기지의 설치, 군사 훈련, 무기의 실험 등을 포함한 모든 군사 활동은 금지된다.
과학 연구의 자유	남극에서의 과학 연구는 자유롭게 이루어져야 하며, 인류 전체를 위한 과학적 지식의 축적에 기여하도록 연구 결과는 국제적으로 공유되어야 한다.
환경 보호	남극의 환경을 보호하기 위해서 회원국은 폐기물 관리, 오염 방지, 생태계 보호 등을 포함하여 남극에서의 활동이 환경에 미치는 영향을 최소화하는 노력을 해야 한다.
영유권 주장의 동결	남극은 특정 국가의 소유가 아닌 국제 사회의 공동 재산이고, 모든 국가의 남극에 대한 영유권 주장은 동결되며 새로운 영유권 주장은 인정되지 않는다.
핵 활동 금지	남극의 환경 보호와 평화적 이용을 위한 중요한 조치로서, 남극에서는 핵폭발 실험과 방사성 폐기물의 처리가 금지된다.
남극조약 적용의 검증	이 조약의 투명성과 신뢰성을 보장하고 이행을 검증하기 위해서, 회원국은 서로의 연구 기지를 자유롭게 방문하고 검열할 수 있는 권리를 갖는다.

1959년 〈남극조약〉의 체결은 냉전 시기 속에서도 남극 대륙을 평화와 과학적 연구의 공간으로 유지하기 위한 국제적 노력이 결실을 얻은 것이라고 평가할 수 있다. 이 〈남극조약〉은 남극을 인류 전체의 공공재로서 안정적으로 보호하고, 평화로운 국제 협력을 통해서 지구 환경을 보호하며, 과학적 진보에도 필요한 규율의 법적 근거와 기준을 마련했다는 점에서 국제 사회에서 매우 중요한 조약이다.

〈남극조약〉이 체결된 이후부터 평화를 바탕으로 남극 지역에서 여러 연구와 관광이 빈번하게 이루어졌다. 그러나 〈남극조약〉으로 남극 대륙과 인근 해역에 대한 관리와 규율이 이루어지기는 했으나, 각국의 다양한 활동이 남극의 자연환경과 생태계를 훼손하는 결과로 이어지는 것을 막기는 어려웠다. 따라서 국제 사회는 〈남극조약〉의 취지를 살리면서도 남극의 환경 오염이나 생태계 훼손에 대응하기 위한 구체적인 제도들을 꾸준히 만들었는데, 이러한 남극의 환경에 관한 조약의 발전은 다음 표 3과 같이 요약할 수 있다.

〈남극조약〉의 취지 아래에서 만들어진 이와 같은 노력과 제도들은 남극의 환경과 생태계 보호를 위한 국제적 노력의 결과였다. 이렇게 만들어진 조약들은 남극 지역의 관리와 규율을 위한 국제 기준들로 활용됐으며, '남극조약 체제'를 위한 법적 근거로 작용했다.

표 3 · '남극조약 체제'에서 환경 조약의 발전

1964	남극 동식물 보존을 위한 합의 규칙(The Agreed Measures for the Conservation of Antarctic Fauna and Flora) 채택.
1972	남극물개보존협약(Convention for the Conservation of Antarctic Seals) 체결.
1980	남극해양생물자원보존협약(Convention for the Conservation of Antarctic Marine Living Resources) 체결.
1988	남극광물자원활동규제협약(Convention on the Regulation of Antarctic Mineral Resource Activities) 체결.
1991	환경 보호에 관한 남극조약 의정서(Madrid Protocol to the Protection of the Antarctic Environment, 마드리드 의정서) 체결.
1998	마드리드 의정서 발효와 함께 남극의 환경 및 생태계 보호를 포괄적으로 규율하는 체계의 출범(환경 보호 중심의 '남극조약 체제' 운영).

4 '남극조약 체제'의 구성

1959년 〈남극조약〉 체결 이후 남극 대륙의 환경과 생태계 보호 및 보존에 대한 필요성이 더욱 강조되었고, 남극에 서식하는 동식물을 보호하기 위한 구체적인 조치가 필요하다는 인식이 확대되었다. 이러한 배경 속에서 〈남극조약〉을 체결한 국가들은 그 취지를 반영하여 1964년 〈남극 동식물 보존을 위한 합의 규칙 (The Agreed Measures for the Conservation of Antarctic Fauna and Flora)〉을 채택했다. 이 합의 규칙은 〈남극조약〉의 기본 원칙을 보완하고, 남극의 동식물을 보호하기 위해 구체적인 규제를 도입했다. 주요 내용은 다음과 같다.

표 4 • 〈남극 동식물 보존을 위한 합의 규칙〉의 주요 내용

보호 동식물 지정	펭귄, 물개, 해양 조류, 해양 포유류, 지의류, 이끼 등 남극의 고유한 동식물을 보호하기 위해서 특정 종을 보호 대상으로 지정한다.
서식지 보호	서식지 보호를 위한 특별 보호 구역 지정 및 보호 구역에 대한 출입과 활동의 제한이 이루어진다.
포획 및 채집 규제	과학적 연구 목적을 제외하고 동식물의 포획, 채집, 살상 등을 금지하는데, 연구 목적의 포획이라고 하더라도 허가를 받아야 한다.
외래종 도입 금지	외래종의 남극 도입을 금지하여, 남극 고유 생태계가 외래종에 의해 교란되지 않도록 한다.
폐기물 관리	남극의 폐기물 관리와 처리를 엄격히 규제하여, 환경 오염을 방지한다. 특히, 생물학적 폐기물은 철저히 관리되어야 한다.
연구 및 감시	남극 생태계와 환경을 지속적으로 연구하고 감시하여, 보호 조치의 효과를 평가하고 필요한 경우 조치를 강화한다.

국제 협력	남극조약에 서명한 국가들은 정보 공유, 공동 연구, 보호 조치의 이행 등 상호 협력하여 남극의 동식물 보호를 위해 노력해야 한다.

　이와 같은 〈남극 동식물 보존을 위한 합의 규칙〉은 '남극조약 체제'에서 남극의 환경을 보호하기 위해 처음으로 구체적인 기준을 마련했다는 점에서 중요한 의미가 있었다. 이 규칙은 남극의 고유 생태계를 보호하고, 환경 오염을 방지하기 위한 구체적인 규제를 도입함으로써, 남극이 평화적 목적과 과학적 연구를 위해 보호받을 수 있는 기반을 마련했는데, 이후 남극 환경의 보호를 위해 추가되는 조약들의 기초가 되었다.

　남극의 물개는 19세기와 20세기에 걸쳐 상업적 포획의 대상이 되어 개체수가 급감했다. 〈남극조약〉 체결 이후 남극 지역의 자연 보호 필요성이 더욱 강조되면서, 특히 포획으로 인해 심각한 위협을 받는 물개 종을 보호하기 위한 구체적인 조치가 필요하다는 합의가 이루어졌다. 1972년 이러한 합의를 내용으로 하는 〈남극물개보존협약(Convention for the Conservation of Antarctic Seals, CCAS)〉이 체결되었고, 이 협약은 1978년 3월에 발효되었다. 이 협약은 남극 해역에 서식하는 물범 또는 물개 종의 보호와 보존을 위해 국제적으로 규제하고, 이들의 개체수를 안정적으로 유지하며 생태계를 보호하는 것을 목표로 하며, 주요 내용은 다음과 같다.

표 5 · 〈남극물개보존협약〉의 주요 내용

포획 규제	상업적 목적으로 물개를 포획하는 것을 엄격히 제한하며, 과학적 연구를 위한 포획은 예외적으로 특별한 허가를 조건으로 허용된다.
포획량 제한	최대 포획량을 설정하여 남획을 방지하고, 보호 기간을 지정하여 물개의 번식과 개체수 회복을 지원한다.
보호종 지정	보호되는 물개 종을 지정하며, 보호종의 개체수와 서식지 상태를 지속적으로 감시하여 조치를 강화한다.
서식지 보호	물개의 번식지와 주요 서식지를 보호하는 조치로서 특정 지역에서의 인간 활동을 제한하거나 금지할 수 있다.
국제 협력	서명국의 협력을 촉진하여 공동 연구와 정보 공유를 장려하며, 국제적인 감시 프로그램으로 개체수와 서식지 상태를 평가한다.
보고 및 검토	서명국은 이행 상황을 보고하고 포획 관련 데이터를 제출하며, 필요한 경우에는 조치를 조정하거나 강화할 수 있다.

〈남극물개보존협약〉은 남극 해양의 생태계 보호를 위한 중요한 조약으로, 물개 개체수 회복과 서식지 보호에 역할을 했다. 이 협약은 상업적 남획을 규제하고 과학적 연구를 통해 물개 보호에 대한 이해를 높이며, 국제 협력을 통해서 남극 생태계의 지속가능한 관리를 촉진하는 데 중요한 역할을 했다. 이후 남극 해양생물자원과 환경 보호를 위한 포괄적인 협정들로 이어졌다.

〈남극조약〉의 체결 이후 1970년대 후반에도 남극 해양의 생태계가 상업적인 어업 활동으로 위협을 받으면서, 생물 자원 전체를 포괄적으로 보호해야 할 필요성이 대두되었다. 특히, 크릴 어업의 증가가 남극 생태계에 주는 영향을 걱정하는 의견이 종합적인 조약의 체결을 요구했다. 남극의 해양생물 자원에 관한 공식적인 논의는, 해양생물 자원 관리 체계 구축을 위한 〈남극조약〉 협의 당사국 특별회의(Special Meeting of the Antarctic Treaty Consultative Parties, SATCM) 개최를 결정한 1977년 〈남극조약〉 협의 당사국 회의에서 시작되었다. 이후 3년(1978-1980)의 협상 과정을 통해서 1980년 〈남극해양생물자원보존협약(Convention on the Conservation of Antarctic Marine Living Resources, CCAMLR)〉이 체결되었다.

1982년 발효된 이 협약은 남극의 해양생물 자원의 보존과 합리적인 이용으로 생태계의 지속가능성을 보장하려고 했다. 이 협약은 생태계 접근 방식(ecosystem approach)을 통하여, 해양생물 자원의 남획을 방지하고 생태계의 건강과 생산성을 유지하려고 했다. 이 조약의 주요 내용은 다음과 같다.

표 6 · 〈남극해양생물자원보존협약〉의 주요 내용

생태계 접근 방식	특정 종의 보호에 집중하지 않고 해양 생태계 전체의 균형 유지에 중점을 두며, 어업 활동의 생태계에 대한 영향을 평가하여 필요한 보호 조치를 시행한다.
어업 규제	남획 방지를 위해서 어획량 제한 및 어획 방법 규제를 도입하고, 어업 활동을 지속적으로 감시하여 필요한 경우 규제를 강화하며, 특정 어종의 포획 금지 기간과 보호 구역을 설정한다.

과학적 연구와 모니터링	협약 이행을 위한 과학적 연구와 감시 프로그램을 운영하고, 연구 결과를 바탕으로 어업 규제를 조정하여 보호 조치를 강화한다. 또한 남극 해양 생태계의 상태를 평가하고 데이터를 공유한다.
국제 협력	서명국 사이의 협력을 촉진하여 정보의 공유와 공동의 연구를 장려하고, 국제 회의로 협약의 이행 상황을 검토하면서 필요한 경우의 조치를 취한다.
남극해양생물자원보존위원회	이 위원회는 협약의 이행을 감독하고 관리하는 주요 기구로서, 회원국 사이의 협력을 유도하고 의견을 조정하는 역할을 한다. 이 위원회는 정기적으로 회의를 개최하여, 어업 규제, 보호 조치, 과학적 연구 결과 등을 논의하고 결정한다.

〈남극해양생물자원보존협약〉은 〈남극조약〉의 취지 아래에서 어업 활동이 생태계에 미치는 부정적 영향을 최소화하고 남극에 서식하는 해양생물의 합리적 이용을 보장하는 기준을 마련했다. 이 협약은 남극 해양 생태계의 지속가능한 관리와 국제 협력을 유도하기 위한 중요한 법적 기반을 제공했으며, 특정 종에 국한하지 않고 포괄적인 보호를 위한 생태계 접근 방식을 채택하여 남극 해양 생태계 전체의 건강과 생산성을 유지하는 역할을 했다. 특히 이 협약으로 약속된 내용이 실제로 작동하도록 '남극해양생물자원보존위원회'가 설립되었다.

1980년대 초반까지 남극의 광물 자원을 탐사하고 개발하려는 국제 사회의 관심이 커지면서 남극의 환경에 대한 영향도 관심을 받았다. 남극의 광물 자원 개발을 규제하고 환경의 보호를 강화하는 조치가 필요하게 되었는데, 이를 위하여 1988년 〈남극광물자원활동규제협약(Convention on the Regulation of Antarctic Mineral Resource Activities, CRAMRA)〉이 체결되었다. 이 협약의 주요 내용은 다음과 같다.

표 7・〈남극광물자원활동규제협약〉의 주요 내용

환경 보호 조치	광물 자원 활동의 영향을 최소화하는 환경 보호 조치와 환경에 대한 영향을 평가하여 필요한 경우에 사전 조치를 강화하고자 했다.
규제 절차	광물 자원 활동에 대한 엄격한 규제와 함께, 광물 자원 활동 신청에 따른 환경영향평가의 결과로 허가 여부를 결정하도록 했다.
국제 협력	서명국은 광물 자원 활동을 규제하고 관리하는 협력을 약속했고, 국제 회의에서 협약의 이행을 검토하고 의견을 조정하고자 했다.
보호 구역	특정 지역을 보호 구역으로 지정하여 광물 자원 활동을 제한하거나 금지했다.
감시 및 보고	광물 자원 활동을 감시하며 환경에 대한 영향을 평가하고, 협약 이행 상황을 보고하여 투명성을 보장하고 신뢰를 유지하려고 했다.
긴급 조치	환경에 심각한 위협이 발생하면 활동 중단, 환경 복구 등 긴급 조치를 통하여 피해를 최소화한다는 규정을 마련했다.

〈남극광물자원활동규제협약〉은 남극의 환경 보호를 위한 중요한 조약으로, 남극에서의 광물 자원 활동을 엄격히 규제하는 역할

을 했다. 이 협약은 실제로 발효되지는 못했으나, 광물 자원 활동이 남극 생태계에 미치는 부정적인 영향을 최소화하고 환경을 보호하기 위하여 광물 자원 탐사 및 개발 활동을 규제했다. 이 협약은 남극에서 환경의 중요성을 국제 사회가 새롭게 인식하는 계기를 마련했고, 이후 남극의 환경 보호를 위한 더 강력한 조치와 협약들이 채택되는 배경이 되었다.

5 환경 보호에 관한 남극조약 의정서와 '남극조약 체제'의 작동

〈남극조약〉과 부속 협약들은 남극 지역의 군사적 이용 금지와 평화적 이용 촉진, 과학적 연구의 자유 등을 규정하고 있었으나, 포괄적인 환경 보호에 대한 구체적이고 강력한 규제는 미흡했다. 특히 1988년 체결된 〈남극광물자원활동규제협약〉이 채택되었으나 발효되지 못한 상황에서, 남극의 환경 보호를 위한 포괄적이고 실질적인 규제 체계가 필요하다는 의견이 늘었다. 이러한 배경에서 1989년부터 〈남극조약〉 협의 당사국 회의에서 새로운 조약의 체결이 논의되었고, 1991년 마드리드에서 〈환경 보호에 관한 남극조약 의정서(Madrid Protocol to the Protection of the Antarctic Environment, 마드리드 의정서)〉가 채택되었다.

전문과 본문 27개 조항 및 중재 관련 규정 그리고 5개의 부속서로 구성된 〈마드리드 의정서〉는, 이후 환경 비상사태로 인한 책임을 다루는 제6부속서를 추가했다. 이 의정서는 남극의 환경 보호를 위한 포괄적이고 강력한 규제를 마련하고자 했으며, 1998년 1월부터 발효되어 남극의 환경을 보호하기 위한 국제 사회 협력의 새로운 틀이 구축되었다. 이 의정서의 주요 내용은 다음과 같다.

표 8 · 〈환경 보호에 관한 남극조약 의정서(마드리드 의정서)〉의 주요 내용

환경 보호의 원칙	남극의 모든 활동은 환경과 관련 생태계에 부정적인 영향을 최소화해야 하며, 환경의 보호를 위한 사전 예방적 접근이 강조된다.
환경영향평가	남극의 모든 활동은 사전에 환경영향평가를 받아야 하며, 결과에 따라서 허가 여부와 조건이 결정된다.
광물 자원 활동 금지	환경과 생태계 보호를 위하여, 남극에서의 상업적 광물 자원 탐사 및 개발 활동은 금지된다.
보호 지역 지정	특별한 환경적, 과학적, 역사적 가치를 지닌 지역을 특별 관리 지역과 특별 보호 지역으로 지정하고, 엄격한 보호 조치를 시행한다.
폐기물 관리	모든 폐기물은 철저히 관리되어 남극 밖으로 반출되어야 하며, 폐기물 처리를 위한 구체적인 지침과 규정을 마련한다.
오염 방지	환경 오염의 가능성이 있는 모든 활동을 규제하며, 특히 해양 오염 방지를 위한 조치를 강화한다.
과학 연구	남극 환경 보호를 위한 과학적 연구와 감시가 장려되며, 연구의 결과는 국제적으로 공유되어 환경 보호 정책과 조치에 반영된다.

구조 활동	남극에서의 구조 활동과 환경 비상 대응 계획을 마련하여, 환경 사고가 발생하면 신속히 대응할 수 있도록 한다.
국제 협력	남극조약 체제 회원국 사이의 협력을 통해서 환경 보호를 위한 공동 노력을 강화한다. 구체적으로는 정보의 공유와 공동 연구를 통해서 효과적인 환경 보호 조치를 마련하고 추진한다.

〈마드리드 의정서〉는 남극 환경 보호에 관한 가장 포괄적이고 강력한 국제 협정으로 평가받는다. 이 의정서는 남극에서 이루어지는 모든 활동은 환경 보호를 최우선으로 고려해야 한다고 규정하여, 인간 활동을 엄격히 규제하고 남극의 생태계를 장기적으로 보호하려고 한다. 특히 이 의정서는 남극에서의 인간 활동을 단일의 기준으로 규제한다는 점에서 의미를 가지며, 당사국이 국내법과 행정적 조치로 의정서를 준수하도록 의무화하여 국제법을 국내법으로 수용하도록 했다. 또한 이 의정서는 광물 자원의 개발을 금지하고 환경영향평가를 의무화하여 환경 보호의 핵심적인 진전을 이루었고, 생태계의 지속가능한 보존도 강화하는 기준을 설정했다.

〈마드리드 의정서〉로 구축된 남극 환경영향평가 제도는, 인간의 활동이 환경에 주는 영향의 강도에 따라서 '예비-초기-포괄적 영향평가'라는 3가지 유형으로 구분된다. 예비 환경영향평가의 대상은 간단한 개요 작성 및 국내법적 평가로 행동을 개시할 수 있지만, 초기 및 포괄적 환경영향평가의 대상은 환경의 영향을 상세히 분석하고, 부정적 영향에 대한 저감 방안과 대안을 수립해야 한다. 남극 활동을 계획하는 당사국은 〈마드리드 의정서〉에 근거하여 사전에 환경영향평가를 하고, 이를 통해서 얻은 충분한 정보를 바탕으로 계획을 수립하거나 수정해야 한다.

또한 〈마드리드 의정서〉는 연구용 표본 수집이나 교육·문화 기관의 활용을 제외한 남극 동식물에 대한 간섭을 제한하고 생물의 서식지, 생태계 균형, 다양성을 유지해야 하는 등 여러 의무를 규정했다. 또한 의정서는 유해 물질의 남극 해양 배출을 금지하고 남극 해양의 운항 선박이 해양으로 배출할 수 없는 모든 물질을 선박 내부에 저장하도록 규정했다. 의정서의 부속서는 남극을 통과하는 선박의 저장 및 수용 능력까지 규율했다.

'남극조약 체제'는 남극과 주변 해역의 평화적 이용과 환경 보호, 과학적 연구의 자유를 보장하는 여러 조약이 체결되고 활용되면서 남극에 관한 국제 협력과 관리의 중심 무대가 되었다. 실제로 이 조약들을 적용하여 문제를 예방하고 해결하는 운영과 관리는 조약들이 규정한 다양한 기구와 회의를 통해서 이루어진다. 예를 들어, 〈남극조약〉 협의 당사국 회의(Antarctic Treaty Consultative Meeting, ATCM)는 〈남극조약〉을 체결한 회원국 중에서 협의 당사국(Consultative Parties)의 지위를 가진 국가들로 구성되어 매년 개최되는 행정과 관리를 위한 포럼이다.

당사국들은 〈남극조약〉 협의 당사국 회의에 참가하여 남극 관련 정보 교환을 할 수 있는데, 회의에 참여할 권한이 있는 당사국을 협의 당사국이라 하고 회의에 초대된 나머지 당사국을 비협의 당사국이라 한다. 이 회의에는 〈남극해양생물자원보존협약〉, '남극연구과학위원회', '남극국가운영자위원회' 등의 대표자가 옵서버로 참석할 수도 있다. 이 회의에 참여하는 협의 당사국 지위는 〈남극조약〉 최초 서명국과 남극에서 상당한 활동을 수행하여 남극에 관심을 입증한 국가에 부여된다. 당사국 회의는 〈남극조약〉과 그 부속 조약들의 이행을 감독하고, 여러 문제를 논의하여 새로운 정책과 규정을 채택하는 역할을 한다.

'남극조약 체제'는 남극과 주변 해역의 평화적 이용과 환경 보호, 과학적 연구의 자유를 보장하는 남극 문제에 관한 중심적인 규율/관리 체계이다. 국제 사회는 〈남극조약〉과 관련 조약에 근거하여 합법성을 확보하고, 남극의 독특한 생태계를 보호하고 지속 가능한 관리와 보존을 추구한다. '남극조약 체제'는 구체적인 조치가 효과적으로 작동할 수 있도록 다양한 기구와 회의를 통해서 체계적으로 운영되며, 국제 사회의 협력과 합의를 바탕으로 발전하고 있다. 이 체계는 〈남극조약〉과 관련 부속 조약들의 기준에 따라 다음과 같은 운영 원칙과 절차로 작동한다.

표 9 · '남극조약 체제'의 운영 원칙과 절차

과학적 협력	'남극조약 체제'는 과학적 연구와 국제 협력을 핵심 원칙으로 하고, 남극에서의 과학 연구의 결과를 공유하며, 연구를 통한 새로운 발견은 남극의 환경 보호와 관리 정책에 반영한다.
평화적 이용	'남극조약 체제'는 남극에서 군사적 활동을 금지하며, 평화적 목적을 위한 이용만 허용한다.

환경 보호	'남극조약 체제'는 남극 생태계의 장기적인 보존을 목표로 마드리드 의정서를 기반으로 남극의 환경 보호를 체계적으로 규율한다.
협의와 합의	'남극조약 체제'의 운영은 투명성과 공정성을 보장하기 위해서 협의와 합의를 기반으로 한다.

그러나 실제로 '남극조약 체제'는 오랫동안 상설된 행정 주체가 없는 상태로 운영되었다. 이후 2004년 9월부터 〈남극조약〉 사무국(Antarctic Treaty Secretariat)이 아르헨티나의 부에노스아이레스(Buenos Aires)에 설치되어, '남극조약 체제'의 상설 행정 주체가 되어 공식적으로 운영을 시작했다. 사무국은 〈남극조약〉 협의 당사국 회의 및 〈남극조약〉 관련 회의의 행정적 지원을 제공하고, 협약과 의정서의 이행 상황을 감시하며, 정보와 자료를 회원국과 공유하는 역할을 한다. 사무국의 구체적인 업무는 다음과 같이 요약된다.

표 10 · 〈남극조약〉 사무국의 주요 업무

- 남극조약 협의 당사국 회의 등의 지원.
- 남극조약 및 의정서에 따른 필요한 당사국 사이의 정보 교환 촉진.
- 남극조약 협의 당사국 회의 관련 문서의 편집, 저장, 보관 및 제공.
- '남극조약 체제'와 남극 활동에 대한 정보 촉진/전파.

'남극해양생물자원보존위원회(Commission for the Conservation of Antarctic Marine Living Resources)'는 〈남극해양생물자원보존협약〉에 서명한 주요 회원국들로 구성되어 남극 해역을 대상으로 남극 해양생물의 보존과 합리적인 이용을 위해서 1981년에 설립된 국제 기구이다. 이 위원회는 호주에 본부를 두고 있으며, 남극 해양생물 자원의 보존과 이용 및 남극 해양 생태계를 조사하고 연구한다. 이러한 업무를 바탕으로, '남극해양생물자원보존위원회'는 남극 해양생물 자원의 보존과 관리, 지속가능한 어업 활동을 규제하고 감독하며, 과학적 연구와 데이터를 기반으로 어획량 제한 등을 설정하는 역할을 한다.

한편, '남극조약 체제'에서 환경 분야를 자세하게 규정한 〈마드리드 의정서〉가 발효되면서, 이 의정서에 근거하여 '환경보호위원회(Committee of Environmental Protection, CEP)'도 설치되었다. 이 위원회는 주로 〈남극조약〉 협의 당사국이 참여하며, 비협의 당사국과 '남극연구과학위원회(Scientific Committee on Antarctic Research, SCAR)' 등 다양한 전문 기구도 옵서버로 참여한다. 위원회는 〈마드리드 의정서〉의 이행에 관하여 정기적으로 〈남극조약〉 협의 당사국 회의에 자문하고 권고한다.

'남극연구과학위원회'는 국제과학이사회(또는 국제과학위원회, International Science Council, ISC)에 속하면서, 남극에서 수행되는 과학 연구를 조정하는 비정부 국제 기구이다. 1957년 스톡홀름에서 개최된 국제과학이사회의 전신인 국제과학연맹평의회(International Council for Science, ICSU)는 남극의 과학 연구를 감독하는 특별위원회를 설립하기로 했다. 당시 남극 연구를 수행하던 12개국 학자들을 중심으로 구성되어 1958년부터 업무를 시작한 이 특별위원회는 나중에 '남극연구과학위원회'로 이름을 변경했다. '국가남극프로그램운영자위원회(또는 국가남극프로그램관리자협의회, Council of Managers of National Antarctic Programs, COMNAP)'는, 남극에서의 과학 연구를 지원하는 국가 기관들 사이의 협력과 최선의 운영 방법을 개발하려고 1988년 설립되었다. 뉴질랜드에 본부를 두고 있는 이 위원회는, 환경을 고려하고 효율성을 높이는 연구 방법을 개발하여 〈남극조약〉 협의 당사국 회의와 환경보호위원회에 자문한다.

제3장

남극에 대한
남아메리카의 관심과 도전

1 남아메리카와 남극의 관계

남극은 지구에서 문명으로부터 가장 멀리 존재하는 공간이며, 기후변화와 환경 보호 문제의 중심에 있다. 남극의 생태 환경은 극한의 기후와 복잡한 생물 다양성으로 인해 독특한 가치를 지니며, 전 세계적인 보호와 지속가능한 관리가 요구된다. 이러한 생태적 가치와 환경적 중요성 때문에 남극은 국제 사회에서 특별한 관심을 받고 있으며, 이 지역의 보호와 관리는 인류 전체의 책임으로 인식되고 있다. 남극의 환경 보호는 단순히 해당 지역의 문제에 그치지 않고, 전 지구적인 기후변화와 관련이 있으므로 국제적인 협력이 필요하다.

남아메리카와 남극은 지질학적 시간을 거쳐 공통점과 연결고리를 공유한다. 칠레와 아르헨티나 등 남아메리카의 일부 국가는 지리적으로 남극에 가깝고 여러 잠재적 이해관계를 가지고 있다. 이 남아메리카의 국가들은 대서양과 태평양을 연결하는 마젤란

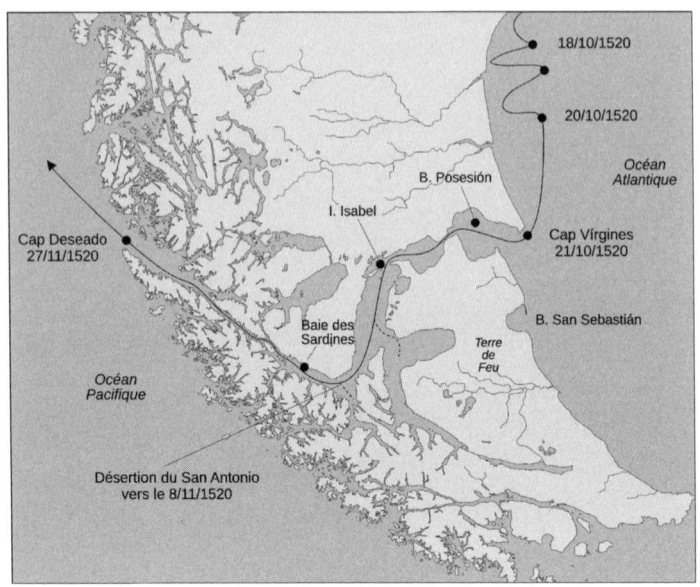

그림 1 • 마젤란 해협.

출처: 위키피디아.

해협, 그리고 이에 접하는 남아메리카 대륙의 최남단인 티에라 델 푸에고(Tierra del Fuego) 제도를 나누어 통제하며 남극 지역과 지리적으로 가까운 위치에 있다. 그러나 아르헨티나와 칠레가 스페인으로부터 독립하고 자국의 영토를 완전히 통제하지 못하고 내전과 국경 분쟁에 시달리던 19세기에는, 남극에서 대규모의 물개 사냥이 이루어졌음에도 불구하고 양국 모두 이를 적극적으로 통제하지 못했다.

20세기에 들어서면서 양국은 자국의 영토와 해양 경계에 대한 통제를 안정시키고 주요한 영토 분쟁을 해결했으므로, 그들은 추가적인 해양 확장을 기대하기 시작했다. 양국은 이 지역의 통제권을 확보하기 위해서 서로 다양한 경쟁을 했는데, 물론 이러한 양국의 갈등은 전쟁으로 확대되지는 않았고, 평화적인 협상의 결과 국경선을 확정할 수 있었다. 파나마 운하가 개통된 이후 남극으로 연결되는 마젤란 해협의 중요성이 감소했음에도 불구하고 경쟁과 갈등은 이어졌다.

양국의 영토 확장에 대한 열망은 계속되어, 그들의 영토 남극이 포함되어 이 시기부터 아르헨티나와 칠레는 여러 이유로 남극의 일부에 대한 통제권을 주장했다. 두 국가는 자국의 남극 영토에 대한 주권을 주장하면서, 그들의 남극 영역을 보호하려는 강한 의지를 가졌는데, 이들 국가의 적극적인 참여는 남극의 생태적 안정성을 유지하는 기여와 함께 국제 사회에서 남극 문제에 대한 영향력을 확대하는 중요한 역할을 한다. 두 국가의 남극에 관한 역사를 살펴보면, 이들이 '남극조약 체제'의 창설과 원칙의 확립에 중요한 역할을 했음을 알 수 있다.

전통적으로 이해관계를 가진 아르헨티나와 칠레는 오래전부터 유럽과 미국 등 다른 국가들과도 활발하게 과학 연구 활동에 관한 협력을 진행했다. 이러한 배경에서 이 남아메리카의 국가들은 〈남극조약〉의 최초 서명국이 되었고, 국제 사회에서 〈남극물개보존협약〉(1972), 〈남극해양생물자원보존협약〉(1980), 〈남극조약의 환경보호에 관한 의정서〉(1991) 등 '남극조약 체제'에 적극적으로 참여했다. 특히 아르헨티나는 2004년에 수도인 부에노스아이레스에 〈남극조약〉 사무국을 유치하는 등 남극에 관한 여러 활동에 참여하고 있다.

남극 문제에 관한 남아메리카의 주도국인 아르헨티나는, 자국의 남극 영토에 대한 주권을 주장하면서 남극 생태계 보호를 위한 다양한 과학적 연구와 환경 보호 활동을 지원하고 있다. 아르헨티나는 남극의 연구를 촉진하고, 남극에서의 생태적 변화를 모니터링하고 지속가능한 방법으로 자원의 사용을 촉구하는 정책을 추진했다. 칠레도 남극 일부에 대한 자국의 주권을 주장하면서 남극 문제에 관하여 국제 사회와 협력하며 자국의 정책을 남극의 지속가능한 발전에 맞추어 발전시켰다. 양국은 과학적 연구와 환경 보호를 통한 남극 생태계의 보호를 목표로 하여, 서로 협력하며 남극의 환경 변화를 체계적으로 분석하고 있다.

특히 남극의 생태 환경 보호는 단순히 한 국가의 책임을 넘어, 국제적인 협력과 규범 등을 필요로 한다. 이를 위해서 아르헨티나와 칠레는 각각의 국가적 이해관계를 넘어, 공동의 이익을 위한 국제적 노력에 적극적으로 참여하고 있다. 특히 양국은 '남극조약 체제'와 〈마드리드 의정서〉 등 국제 사회의 조약과 거버넌스에 적극적으로 참여하면서 남극의 자연 자원을 보호하고 지속가능한 연구를 장려하는 방향으로 정책을 수립하고 관련 법을 보완하고 있다. 이들 국가의 참여는 남극을 둘러싼 국제적인 갈등을 완화하고 국제 사회의 참여를 다양화하며, 효과적인 환경의 보호를 가능하게 하는 기준을 마련하는 계기가 되었다.

이와 같은 아르헨티나와 칠레라는 주도국의 활동에 자극을 받아서, '남극조약 체제'의 출범 이후 남아메리카의 다른 국가들도 국제 사회의 남극 문제에 적극적으로 참여하기 시작했다. 특히 남아메리카의 대국인 브라질은 〈남극조약〉의 최초 서명국이 되지는 못했으나, 꾸준한 관심과 투자를 통하여 현재까지 남극 문제에 여러 역할을 하면서 1980년대부터는 아르헨티나와 칠레처럼 남극대륙의 일부를 자국의 영토라고 주장하기까지 했다. 이밖에 페루, 우루과이, 에콰도르와 같은 남아메리카의 국가들도 '남극조약 체제'에 참여하면서, 남아메리카 내부적인 협력을 도모하거나 한국과 같은 제3국과의 협력도 진행하는 상황이다.

표1 • 남극에 관한 남아메리카의 국가들

아르헨티나, 칠레	브라질	페루, 우루과이, 에콰도르 등
- 남극과 지리적 인접성 - 남극에 대한 전통적인 관심 - 양국의 경쟁과 갈등 - 적극적인 국제 협력과 동시에 남극에 대한 영유권 주장 - 남극조약 최초서명국 - 남극 문제의 주도국	- 남아메리카의 대국 - 상대적으로 남극과 지리적 인접성 떨어짐 - 남극조약 최초 서명국 아님 - 아르헨티나와 칠레의 주도에 영향받음 - 적극적인 국제 협력과 동시에 남극에 대한 영유권 주장	- 상대적으로 남극과 지리적 인접성 떨어짐 - 남아메리카의 남극 문제 주도국으로부터 영향 받음 - '남극조약 체제'와 일부 부속조약에 참여 - 남아메리카 내부와 국제 사회의 제3국과의 협력 추구

2 남극에 인접한 남아메리카 지역의 국경 분쟁과 해결

남아메리카 최남단의 마젤란 해협은 대서양과 태평양을 연결하는 전략적 수로로서, 역사적으로도 지리적으로도 매우 중요한 위치에 있다. 특히 이 지역은 남극으로 연결되는 통로 또는 전초 기지의 역할을 하므로, 남극에 관한 통제력을 확대하기 위한 경쟁의 출발점이 될 수도 있다. 이 해협을 둘러싼 아르헨티나와 칠레 간의 영유권 분쟁은 단순한 국경 갈등을 넘어 국제 사회의 해양법, 중재, 정치 등에 많은 영향을 주었다.

아르헨티나와 칠레는 모두 스페인 제국으로부터 독립한 후, 스페인 식민지 경계를 기초로 자국의 영토를 정당화하려 했는데, 이를 위하여 '현상 유지(status quo)의 원칙'을 적용하는 고대 로마법의 국경선 신성의 원칙(Uti Possidetis Juris) 법리가 활용되었다. 이 법리는 기존 점유 상태(status quo ante/post bellum)를 기준으로 국경을 정하도록 하며, 식민제국주의 시절 남아메리카에 적용된 〈토르데시야스 조약〉 등에서도 경계 확정의 근거로 사용되었다. 식민지에서 독립한 남아메리카 신생국도 이 법리를 채택했고, 현대 사회에서도 국제법의 일반 원칙으로 정착되었다. 그러나 이 법리는 식민제국주의 지배를 정당화하거나 기존 질서를 유지하는 수단으로 악용될 수 있다고 지적받았다.

아르헨티나와 칠레는 이 법리를 자신들의 남부 영토에 적용하려고 했는데, 스페인 제국 시기의 남극에 인접한 지역이나 남극해에 관한 명확한 기록이 부족하여 이 법리를 적용하려는 시도는 오히려 분쟁의 원인이 되었다. 19세기 중반부터 칠레는 파타고니아 남부 지역과 티에라 델 푸에고섬에 대한 실효적 지배를 강화했고, 아르헨티나는 대서양 연안 지역에서부터 남쪽으로 영향력을 확대했다. 양국은 남극에 인접한 마젤란 해협을 중심으로 서로 다른 역사적 서사를 기반으로 주권을 주장하게 되었고, 이러한 긴장은 1881년 국경 조약의 체결로 이어졌다.

1881년에 체결된 아르헨티나 칠레 사이의 국경 조약은, 마젤란 해협 전역을 칠레의 영토로 인정하고 파타고니아 지역 대부분은 아르헨티나에 귀속시키는 동시에, 티에라 델 푸에고섬을 동서로 나누는 약속을 담고 있었다. 그러나 이 조약은 픽턴(Picton), 누에바(Nueva), 레녹스(Lennox)섬 등 비글 해협(Beagle Channel) 인근의 섬들에 대한 관할권을 명확히 규정하지 않았고, 이에 관하여 양국은 다른 주장을 했다. 칠레는 이 조약이 '티에라 델 푸에고섬 남쪽의 모든 섬'에 적용된다고 해석했고, 아르헨티나는 이 섬들이 대서양 측에 있으므로 자국의 해양 경계에 포함된다고 보았다. 이러한 해석의 차이는 이후 양국의 지속적인 갈등의 원인이 되었다.

이러한 양국의 갈등은 20세기 중반에 격화되었다. 1971년 양국은 분쟁 해결을 위해서 국제 중재를 요청했고, 1977년 영국 중재재판소는 세 개의 섬을 모두 칠레에 귀속시키는 결정을 했다. 그러나 아르헨티나는 이 판결을 수용하지 않고 무효를 선언했고, 양국 관계는 급속히 나빠졌다. 1978년에는 양국이 병력을 국경 지역에 집결시키고 해군 함대를 비글 해협에 전개하면서 무력 충돌 직전의 상황이 연출되었다. 이러한 위기 상황은 카톨릭 국가라는 공통된 배경을 가진 양국이 당시 교황이었던 요한 바오로 2세의 중재안을 수용하면서, 국제 분쟁의 종교적 중재라는 유례없는 사례가 만들어졌다.

그 결과 1984년 아르헨티나와 칠레는 바티칸의 중재와 외교적 조정을 통해서 〈평화우호조약(Tratado de Paz y Amistad)〉을 체결하면서 오랜 영유권 분쟁을 종료했다. 이 조약에서 아르헨티나는 이 세 개의 섬을 칠레의 영토로 인정하고, 칠레는 아르헨티나의 해양 통행권과 대륙붕 탐사 권한을 일정 부분 보장하기로 약속했다. 이 조약은 남아메리카의 국가들 사이의 평화적 분쟁 해결의 성공 사례로 평가된다. 조약 체결 이후 양국은 해양 경계 설정, 자원 개발, 해군 협력 등의 분야에서 상호 협력을 확대했으며, 이후 남극 협력, 에너지 연계망 등 다양한 분야로 협력이 이어졌다.

아르헨티나와 칠레의 이 갈등은 실효적 지배(Effective Occupation)와 역사적 권리에 대한 이중적 주장 사이에 긴장을 잘 보여주는 사례이다. 또한 이 분쟁은 해협과 해양 경계에 대한 해석이 〈유엔해양법협약(UNCLOS)〉 내에서 정형화되고 있음에도 불구하고 역사적 조약의 해석 차이로 여전히 갈등 요소가 존재한다는 점을 보여주었다. 또한 무력 충돌의 위험성이 존재하는 상황에서 국제 사회가 갈등 해결을 위하여 종교적 중재와 같은 다양한 접근을 할 수 있다는 점도 보여주었다. 남극으로 연결되는 마젤란 해협을 둘러싼 아르헨티나와 칠레의 분쟁에는 지정학적 이익의 대립만이 아니라, 역사적 기억, 조약 해석, 국제 중재 수용 여부, 국내 정치 변화 등 다양한 요인이 복합적으로 작용했다. 양국은 해당 지역에서의 충돌을 교훈 삼아서 외교적 대화와 국제법 절차에 근거한 협력 체계를 유지하고, 남극 등 인접한 지역으로도 이를 더욱 확대하려고 노력하고 있다.

3 남극해 인근 섬들의 발견과 활용, 갈등에서 전쟁으로

남아메리카 아르헨티나의 최남단 해안에서 북동쪽으로 약 483킬로미터 정도 떨어진 포클랜드 제도(Falkland Islands) 또는 말비나스 제도(Islas Malvinas)는, 776개의 작은 섬들로 이루어진 군도(또는 제도)이다. 포클랜드라는 이름은 섬을 발견하고 상륙했던 당시 해군 재무 담당관(Treasurer of the Royal Navy) 포클랜드 자작(Viscount Falkland)의 이름에서 유래했는데, 스페인과 아르헨티나는 프랑스인들이 부르던 말루인 제도(Ile Malouines)라는 이름을 스페인어로 번역하여 사용했다. 포클랜드의 주요 섬인 동포클랜드와 서포클랜드는 포클랜드 해협으로 분리되어 있는데, 수도인 스탠리(Stanley)는 동포클랜드 해안에 있다. 포클랜드 제도는 대부분 수목이 잘 자라지 못하는 건조한 환경이고 경작이 어려운 기후 조건을 가진다. 이 섬의 농업 생산은 거의 없는 대신에 해안의 영구 목초지에서 양의 방목이 이루어진다.

사우스 조지아 및 사우스 샌드위치 제도(South Georgia and South Sandwich Islands)는 포클랜드에서 동남쪽으로 약 1,400킬로미터 거리에 있으며, 〈남극조약〉이 적용되는 남위 60도 이상의 범위에서

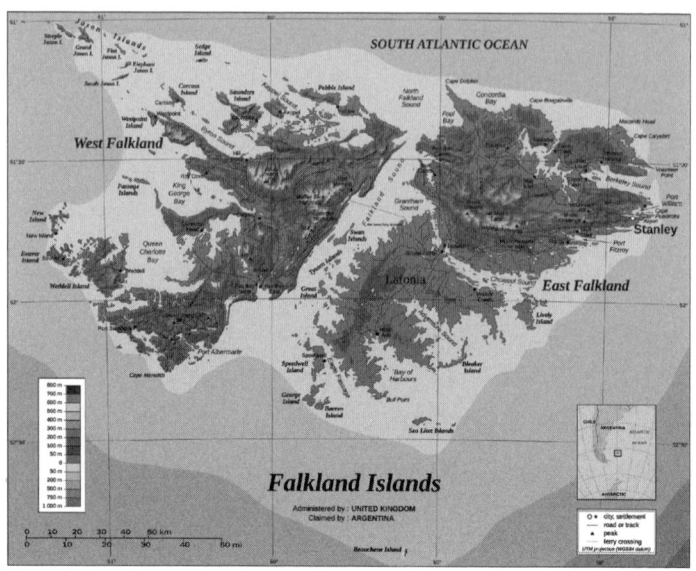

그림 2 · 포클랜드 제도.
출처: 위키피디아.

가장 큰 섬인 사우스 조지아와 11개의 화산섬인 사우스 샌드위치로 구성된다. 사우스 조지아는 대부분이 빙하로 덮여 있고, 사우스 샌드위치 제도에는 활화산이 많다. 이곳을 처음 발견한 유럽인은 1675년 안토니오 데 라 로체(Antonio de la Roché/Anthony de la Roché)라는 영국인이고, 1775년 영국의 탐험가 제임스 쿡(James Cook)은 사우스 조지아에 상륙하여 영국령을 선언하고, 당시 영국 왕이었던 조지 3세의 이름을 붙여서 '조지아 섬'이라고 명명했다. 사우스 조지아 남동쪽의 사우스 샌드위치 제도 중 남쪽 8개 섬도

1775년 제임스 쿡이 발견했는데, 북쪽 3개 섬은 1819년 남극 대륙을 발견한 러시아 탐험가 파비안 고틀리프 폰 벨링스하우젠(Fabian Gottlieb von Bellingshausen)이 발견했다.

20세기에는 탐험가이자 포경업자인 카를 안톤 라르센(Carl Anton Larsen)이 1904년 사우스 조지아에 포경 시설을 설치하여 그리트비켄(Gritviken)이라는 정착지가 형성되었다. 1913년에는 남극 인근에서 최초로 탄생한 인물로 알려진 솔베이 군비에르그 야콥센(Solveig Gunbjørg Jacobsen)이 이곳에서 태어났다. 1914년에는 어니스트 섀클턴(Ernest Shackleton)과 탐험대가 사우스 조지아 섬에서 위험을 피할 수 있었는데, 야콥센이 노르웨이와 영국 이민자들을 위하여 세운 교회에는 1922년에 사망한 섀클턴의 묘지도 있다.

아르헨티나는 스페인 선원으로 이루어진 마젤란(Fernão de Magalhães/Ferdinand Magellan)의 탐험대가 최초로 포클랜드를 발견했다고 주장하고 영국은 16세기 말에 영국의 존 데이비스(John Davis)가 이곳을 방문했다고 주장한다. 그러나 1690년 영국의 존 스트롱(John Strong)의 상륙이 가장 오래된 기록이다. 루이 앙투안 드 부갱빌(Louis Antoine de Bougainville)과 프랑스인들은 1764년 이곳에 정착했는데, 스페인은 1494년 포르투갈과 체결한 〈토르데시야스 조약(Treaty of Tordesillas)〉에 근거하여 지배권을 주장했다. 1767년 스페인은 프랑스 정착지에 24,000파운드의 보상금을 지급하며 부에노스아이레스의 총독이 다스리는 식민지로 편입했고, 항구의 이름도 푸에르토 데 라 솔레다드(Puerto de la Soledad)로 변경했다.

영국은 1765년 동포클랜드에 프랑스인들의 존재를 모르고 서

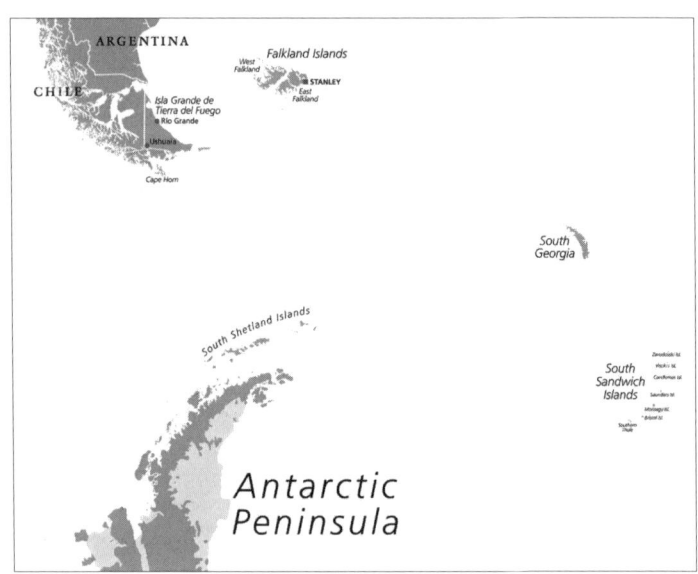

그림 3 ・ 아르헨티나와 남극 사이의 섬들.
출처: 위키피디아.

포클랜드에 진출하여 식민지로 선언했다. 스페인은 프랑스로부터 동포클랜드를 차지하면서 1770년 서포클랜드의 영국인까지 쫓아냈지만, 영국은 다시 섬을 차지했다. 이후 영국은 1774년 미국의 독립전쟁에 대비한다고 철수했고, 스페인도 남아메리카의 식민지를 잃으면서 동포클랜드의 정착지를 1811년까지만 유지했다. 1810년 스페인에서 독립한 아르헨티나는 국가 체제를 정비하고 포클랜드에 대한 영유권을 주장했다. 1820년 당시 부에노스아이레스 지방 정부는 아르헨티나 연방의 외교를 담당하며 권리를 재확인한다는 의미로 군함을 파견했고, 해군 장교인 데이비드 주엣(David Jewett)은 이곳의 항구에서 개최된 행사에서 아르헨티나가 이 섬을 점령했다고 주장했다.

영국과 아르헨티나는 1825년 〈우호통상항해조약〉을 체결하면서 포클랜드(말비나스) 제도에 관하여 아무런 주장도 하지 않았다. 아르헨티나는 1826년 프랑스 출신의 루이 마리아 베르네(Luis María Vernet)를 통하여 정착지를 건설했으며, 1829년에는 베르네를 총독으로 임명하면서 본격적으로 스페인이 점령했던 지역에 대한 권리를 주장했다. 1831년 베르네 총독은 인근에서 작업을 하던 미국 선박 3척을 억류했는데, 미국은 이에 대한 보복으로 군함인 렉싱턴(Lexington)호를 파견하여 아르헨티나 정착지를 파괴했다.

영국은 1833년 정착한 아르헨티나인들을 추방하며 병력을 주둔시키고 1841년 부총독(Lieutenant Governor)을 파견하며 민간인의 거주를 허가했다. 1908년부터는 영국 정부가 사우스 조지아와 사우스 샌드위치 제도를 포클랜드 제도와 함께 관리했다. 아르헨티나는 1927년 사우스 조지아와 1938년 사우스 샌드위치 제도에 대한 영유권을 주장하기 시작했다. 양국의 주장은 석유와 같은 해양 자원의 개발 가능성에 관련이 깊었다. 이 섬들이 남극으로 향하는 전진 기지가 된다는 점도 매력적이었다. 1908년부터 포클랜드와 함께 묶여서 관리되었던 이 섬들은 1985년에 별도의 속령(Dependent Territory)이 되었다가, 현재는 영국의 해외 영토로 표현된다.

20세기에 아르헨티나는 국제 사회에서 포클랜드(말비나스)의 영

그림 4 · 남대서양 포클랜드 전쟁 지역을 향해 항해하는 영국 해군 특수부대 일부.
출처: socialistparty.

유권 문제를 제기했다. 1960년 12월 14일 유엔 총회는 1514(XV) 결의안인 〈식민지 국가와 민족에게 독립을 부여하는 선언〉을 채택하여 "모든 형태와 표현의 식민주의를 신속하고 조건 없이 종식시켜야 할 필요가 있다"고 선언했는데, 1964년 이 섬에 대한 영유권 문제가 유엔의 비식민화위원회(UN Committee on Decolonization)에서 논의되면서 논쟁이 시작되었다. 양국은 1965년 유엔 총회의 결의에 의한 협상 요청을 받아들여 1966년부터 협상을 시작했고 공동 선언도 채택했으나 별다른 성과는 없었다.

1982년 아르헨티나는 자국의 영토를 회복하자며 약 2,500명의 병력을 투입하여 포클랜드, 사우스 조지아, 사우스 샌드위치 제도를 침공했다. 당시 영국 정부는 자국 내의 아르헨티나 자산을 동결했으며, 유엔 안전보장이사회를 소집하고, 기동부대 파견을 시작으로 대응했다. 영국은 공습, 함포 사격, 지상부대 투입을 하면서 스탠리 항구를 탈환하고 아르헨티나군의 항복을 받았다. 이 전쟁은 1982년 74일 동안 지속되었으며, 영국군 255명과 아르헨티나군 649명이 사망하고 900명의 인명 피해가 있었다. 전쟁 이후 이 섬에는 1,300명의 영국군이 주둔하고 전투기가 배치되었고, 영국 정부는 지사(governor)를 파견하여 실질적으로 통제하고 있다.

1985년까지 사우스 조지아와 사우스 샌드위치 제도는 포클랜드 제도와 함께 관리되었으나, 이후 별도의 속령(Dependent Territory)으로 분류되었다가 현재는 영국의 해외 영토(Overseas Territory)로 분류된다. 2009년 4월 영국과 아르헨티나는 사우스 조지아 및 사우스 샌드위치 제도의 인근 해역의 영유권을 주장하는 자료를 유엔 대륙붕한계위원회(Commission on the Limits of the Continental Shelf, CLCS)에 제출했고, 2016년 위원회가 영국의 영유권을 인정하자 아르헨티나가 항소했다.

영국과 아르헨티나 사이의 분쟁은 석유 개발과 영유권 분쟁이라는 경제적 활용과 정치적 이해관계가 복잡하게 얽혀 있다. 1989년부터 아르헨티나 대통령이었던 카를로스 메넴 시기에 양국은 석유 개발을 위한 협정을 체결했지만, 이후 아르헨티나 정부는 분쟁 지역에서 활동하는 석유 기업의 활동을 금지했다. 2010년 아르헨티나의 크리스티나 키르치네르 대통령은 아르헨티나 본토와 포클랜드, 사우스 조지아, 사우스 샌드위치 제도의 모든 항해에 대해서 사전 승인을 의무화하는 대통령령 256/2010을 제정하며 규제를 강화했다.

2013년 포클랜드 제도의 입법부는 주민들에게 영국의 영토로 남고 싶은지 여부를 묻는 국민투표를 실시했다. 현재 상태를 유지하기로 한 투표의 결론에 대하여, 아르헨티나 외무부는 영국이 가상의 국민투표라는 명목으로도 분쟁 지역으로 인정되는 이 지역의 법적 지위를 변경하려는 어떤 권리도 없다고 주장하면서, 포클랜드 제도, 사우스 조지아, 샌드위치 제도 및 주변 해역은 양국 분쟁의 대상이라는 것이 두 국가와 국제 사회에서 인정되었다고 강조했다.

전반적으로 아르헨티나는 1494년 〈토르데시야스 조약〉에 따라 이 제도가 남아메리카에 속하므로 스페인에 영유권이 있었으며, 아르헨티나가 독립하면서 스페인의 권리를 인수했으므로 이 섬은 아르헨티나에 속한다고 주장한다. 또한 영국의 점유가 식민 지배에 해당하며, 아르헨티나가 남아메리카의 국가들을 대표하거나 그들과 연대하여 영유권을 회복하여 유럽에 의한 식민지의 잔재를 종료해야 한다고도 주장한다. 반면에 영국은 포클랜드를 실효적으로 지배하고 있으며, 유엔 헌장에 명기된 자결의 원칙(Principle of self-determination)에 따라서 이곳의 주민이 원하는 대로 영국의 영토가 되어야 한다고 주장한다.

남극으로 연결되는 이 지역의 분쟁에 '국경선 신성의 원칙' 법리의 적용을 검토할 수 있다. 이 섬들을 점령한 유럽의 국가들은 대체로 점령을 정당화하기 위하여 이 법리가 추구하는 '기존의 상태'를 내세웠고, 스페인으로부터 독립한 아르헨티나도 국가 승계에 의하여 자연스럽게 자국의 영토가 된다고 주장했다. 그러나 이에 따른 아르헨티나의 주장은 오히려 영국의 실효적 지배 상태(기존의 상태)를 정당화하는 역설을 낳는다. 이 법리가 분쟁을 예방하고 평화를 유지하는 목적에도 부합하지만, 기존 질서의 보호에만 치중한다거나 식민제국주의를 정당화한다는 비판도 받는다.

4 남아메리카의 '남극조약 체제' 참여

남극과 남아메리카 사이의 지리적 근접성은 남극을 남아메리카의 외교 및 국내 정책에서 중요한 사안으로 이끌며, 남극 문제는 남아메리카의 국가에 중요한 관심사로 떠오르고 있다. 특히 칠레와 아르헨티나의 파타고니아 지역은 남극 대륙과 가까운 거리에 있으며, 실제로 남극 연구 및 탐사를 위한 주요 관문 역할을 담당하고 있다. 이러한 지리적 특성으로 인해 남아메리카의 국가들은 남극 이슈에 직접적인 이해관계를 가지고 있으며, 다수의 국가가 〈남극조약〉에 가입하여 적극적으로 참여하고 있다.

실제로 20개의 남아메리카의 국가 중에서 10개국이 〈남극조약〉에 가입했으며, 주요 국가로는 아르헨티나, 브라질, 칠레, 에콰도르, 페루 등이 있다. 이들 중에서 아르헨티나, 브라질, 칠레, 에콰도르, 페루, 우루과이가 〈남극조약〉 협의 당사국(ATCP)의 지위를 가지며, 이들은 '남극조약 체제'의 의사결정 과정에 직접 참여할 수 있다. 특히 칠레와 아르헨티나는 남극에 관하여 외교적·역사적·법적으로 긴밀한 연관성을 가진 국가로, 이들은 〈남극조약〉이 체결되기 이전부터 남극에 많은 관심을 보였고, 〈남극조약〉 최초 서명국으로서 남극 문제에 적극적으로 의견을 표출했다. 브라질은 〈남극조약〉 최초 서명국은 아니지만, '남극조약 체제'에서 비교적 활발하게 활동하고 있다. 남아메리카의 이 국가들은 남극에 대해 영유권을 주장하는 8개국에 포함된다. 반면에 콜롬비아, 코스타리카, 쿠바, 과테말라, 베네수엘라는 '남극조약 체제'에서 비협의 당사국이다.

표 2 · '남극조약 체제'에 참여하는 남아메리카의 국가 및 가입 연도

국가	남극조약	협의 당사국	CCAS	CCAMLR	마드리드 의정서
아르헨티나	1961	1961	1978	1982	1998
브라질	1975	1983	1991	1986	1998
칠레	1961	1961	1980	1982	1998
콜롬비아	1989	-	-	-	-
쿠바	1984	-	-	-	-
에콰도르	1987	1990	-	-	1998

과테말라	1991	-	-	-	-
파나마	-	-	-	2013	-
페루	1981	1989	-	1989	1998
우루과이	1980	1985	-	1985	1998
베네수엘라	1999	-	-	-	2014

파나마는 〈남극조약〉의 당사국은 아니지만, 비교적 최근인 2013년 〈남극해양생물자원보존협약〉에 가입했다. 17개국이 가입한 〈남극물개보호협약〉에는 초기에 아르헨티나와 칠레가 서명했고, 이후 1991년 브라질이 이 협약의 가입국이 되었다. 〈남극해양생물자원보존협약〉에는 35개국과 유럽연합이 당사국이지만, 의사결정에는 26개국과 유럽연합만이 관여한다. 여기에는 칠레와 아르헨티나가 최초 서명국인 14개국에 포함되는데, 이후 우루과이, 브라질, 페루, 파나마가 1985년, 1986년, 1989년, 2013년에 참여했다. 아르헨티나, 칠레, 에콰도르, 브라질 4개국은 이 협약이 규정한 '남극해양생물자원보존위원회'의 회원으로 활동하고 있다. 남극의 환경 보호에 관한 〈마드리드 의정서〉에는 남아메리카 7개국이 서명하고 이후 6개국이 비준했으나 콜롬비아는 아직 이러한 국내 절차를 마무리하지 못했다. 베네수엘라는 2014년에 이 의정서에 가입했다.

아르헨티나와 칠레는 남극에 각각 6개의 연중 운영 기지를 보유하고 추가적인 계절 기지와 비행장 등을 운영하고 있다. 칠레는 남극 반도 서쪽 지역의 주요 공항인 루돌포 마르시 마르틴 비행장(Lieutenant Rodolfo Marsh Martin Aerodrome)을 운영하고 있으며, 아르헨티나는 동쪽의 주요 공항인 마람비오 기지(Marambio Base)를 운영하고 있다. 또한 아르헨티나(6척), 칠레(6척)는 다른 남아메리카의 국가인 우루과이(3척), 브라질(2척), 페루(1척) 등에 비하여 많은 수의 선박을 정기적으로 남극에 운항하고 있다.

표 3 · 남아메리카 국가의 남극 기지 운영 현황

국가	연중 운영 기지	계절 기지
아르헨티나	6	7
브라질	1	0
칠레	6	8
에콰도르	0	2
페루	0	1
우루과이	1	1

국제 사회에서는 1983년부터 〈남극조약〉 협의 당사국 회의의 실질적인 운영을 지원할 상설 기관의 필요성에 관한 논의가 이루

어졌는데, 〈마드리드 의정서〉 채택 이후에도 협의는 제대로 이루어지지 못했다. 이후 2004년이 되어서야 아르헨티나의 부에노스아이레스에 〈남극조약〉 사무국이 설치되어, 남극 문제에 관한 남아메리카의 중요성을 다시 확인했다. 특히 아르헨티나와 칠레는 〈남극조약〉의 최초 서명국으로서 '남극조약 체제'의 발전에 활발하게 참여하면서 연구 및 남극 활동에 지출하는 국내총생산(GDP)의 비율이 높은 것으로 평가된다.

2010년부터 2019년까지 10년 동안 〈남극조약〉 협의 당사국 회의에 적극적으로 참여한 남아메리카의 국가는 8개국이며, 이 기간에 제출된 모든 문서의 약 20퍼센트를 남아메리카 국가가 제출했다. 구체적으로 보면, 이 국가들이 단독으로 제출한 문서는 전체의 10퍼센트, 다른 당사국들과 공동으로 제출한 문서는 약 11퍼센트를 차지한다. 이것은 남아메리카 국가가 개별적으로 적극적인 남극에 관련된 활동을 한다고 보기에는 다소 한계가 있으나, 국가 사이의 협력 및 파트너와의 협력을 통한 영향력 확대 및 관심 제고 등의 여지가 크다는 것을 의미한다.

'남극조약 체제'의 당사국은 국제 사회의 조약을 자국 국내법에 수용하고, 이를 이행하기 위해 적절한 국내법을 제정해야 한다. 예를 들어, 〈남극물개보호협약〉 제2조 2항은 협약 이행을 위한 법률과 규정을 마련할 의무를 당사국에 부여했다. 〈남극해양생물자원보존협약〉 제21조 제1항은 당사국에 대한 보존 조치를 준수하도록 보장할 의무를 명시하며, 제22조 제1항은 당사국이 이 협약에 반하는 활동을 방지하는 노력을 기울여야 한다고 규정한다. 〈마드리드 의정서〉 제13조 제1항도 회원국의 법률 및 행정 조치에 관한 의무를 명시했다.

〈남극조약〉 협의 당사국 회의는 국가 사이의 정보 교환에 지속적인 관심을 가져왔으며, 1961년 이후 채택된 45개의 권고안, 결정, 결의안 등을 통해 법률 교환 및 정보 공유에 합의했다. 가장 최근에는 2016년 다섯 번째 결정문에서 당사국들이 관련 국내 법률 정보를 공유해야 한다고 명시하며, 이 정보에는 법률, 규정, 행정 조치 등의 설명과 연락처 정보가 포함되어야 한다. 1991년에 채택되어 2019년 발효된 '남극 법률과 정보 교환' 권고안은 각 정부가 〈남극조약〉 이행을 위한 국내 법률 정보를 제공할 것을 권고하고 있다. 이에 따라 '남극조약 체제'에 참여한 남아메리카의 국가도 관련 법률 정보를 제공하고 있다.

그러나 각 국가의 고유한 법체계가 남극 활동을 규제하는 방식을 다르게 하므로, 실제로 각국이 제공하는 법률 정보의 수준과 내용도 다르다. 일부 남아메리카의 국가들은 '남극조약 체제' 내에서 활발히 활동하면서도 영유권을 유지하는 이중적 접근을 취하고 있다. 특히 아르헨티나와 칠레는 남극 대륙과 해역의 일부를 자국 영토로 간주하고, 〈남극조약〉 체결 이전부터 관련 법률과 규정을 제정했는데, 이들은 자국의 주권적 권한에 기반해 법을 제정했으며, '남극조약 체제'와의 타협보다는 자국의 영유권을 주장하는 방식으로 접근하고 있다.

'남극조약 체제'에 참여하는 국가들은 자국의 규범과 정보를 공개하는 것을 원칙으로 존중한다. 아르헨티나와 칠레는 국내법에 관한 정보를 제공하고 있으나, 환경영향평가에 관한 구체적인 정보를 제공하지 않으며, 우루과이는 〈남극물개보호협약〉을 제외한 '남극조약 체제'의 주요 조약에 관한 정보를 제공한다. 콜롬비아와 베네수엘라는 국내법에 대한 정보만을 제공하며, 〈남극조약〉 자체에 관한 정보는 제공하지 않는다. 페루는 자국의 남극 정책을 제정한 규범에 관한 정보만 제공하며, 브라질, 에콰도르, 쿠바, 과테말라 등은 관련 정보를 공식적으로 제공하지 않는 상황이다. 이와 같이 '남극조약 체제'에 참여하는 남아메리카의 국가들이 실질적으로 제정한 법률과 정보를 완전히 공유하지는 못하고 있다.

남아메리카 대륙은 대서양과 태평양에 접한 광대한 영토를 보유하고 있으며, 지리적으로 남극과 매우 근접해 있다. 남극 지역은 지구 전체 얼음 질량의 90퍼센트가 집중되어 있어 지구의 에너지 균형과 대기 및 해양 순환에 결정적인 영향을 미친다. 또한 남극해는 세계에서 가장 큰 규모의 해빙 변화가 발생하는 지역으로, 이러한 자연 현상은 남반구의 에너지 순환과 균형에 중요하게 작용한다. 그러나 이러한 지리적 근접성과 급격한 환경 변화에도 불구하고, 남극과 남극해의 변화가 남아메리카 기후에 미치는 영향에 관한 연구는 상대적으로 부족한 것이 현실이다.

5 남극의 환경 문제에 관한 남아메리카의 지역 협력

남아메리카의 국가들 사이의 남극 문제에 대한 협력은, '남극조약 체제'의 다양한 주제와 밀접하게 연관된 지역적 관심사에 기반하고 있다. 동시에 이들의 협력은 '남극조약 체제'에서 남아메리카가 국가들의 협력을 강화하려는 전략적 목표를 가지고 이루어진다. 이러한 협력 논의는 주로 자국의 입장을 조정하고 공동의 관심사에 관한 의제를 제안하는 회의를 통해 진행되며, 대표적인 사례로는 1990년부터 매년 개최되는 라틴아메리카 남극 프로그램 행정 네트워크 또는 관리자 회의(Reunión de Administradores de Programas Antárticos Latinoamericanos, 이하 RAPAL)가 있다.

RAPAL은 라틴아메리카 국가들의 남극 활동을 조정하고 협력하는 공식적인 협의체로, 1987년 아르헨티나 부에노스아이레스에서 열린 남극 연구 기관장 회의를 기점으로 형성되었다. 1990년대에 브라질, 페루, 에콰도르가 참여하면서 현재의 회원국 구성을 갖추게 되었으며, 현재 아르헨티나, 브라질, 칠레, 우루과이, 에콰도르, 페루가 정회원으로 활동하고 있고, 콜롬비아, 베네수엘라, 코스타리카는 옵서버 자격으로 참여하고 있다. RAPAL은 회원국 간 과학적·기술적·물류적·환경적 협력과 상호 지원을 촉진하여 자원의 효율적 활용과 공동의 노력을 도모한다.

또한 RAPAL은 '남극조약 체제'에서 라틴아메리카 국가들의 입지를 강화하는 것을 주요 목표로 삼으며, 회원국 사이의 국내 법령과 정책에 관한 정보를 교환하고 남극국가운영자회의(COMNAP)에서 공동의 입장을 조정하여 협력의 효과성을 높이고자 한다. 매년 순차적으로 개최되는 RAPAL 회의는 라틴아메리카 국가들이 남극에서의 연구와 환경 보호 활동을 통합적으로 추진함으로써 국제 사회 내 협력과 위상을 제고하는 역할을 한다.

표 4 • RAPAL의 주요 목표

과학적, 기술적, 물류적, 환경적 협력 촉진	회원국 사이의 지원과 협력으로 자원의 효율적 활용과 공동 노력 도모
남극조약 체제에서 라틴아메리카의 입지 강화	남극조약 체제에서 회원국들의 공동 이익과 영향력 증진
국내 법령 및 정책 정보 교환	회원국 사이에 남극 관련 법령과 정책에 대한 정보 공유로 상호 이해와 협력 증진
남극국가운영자회의(COMNAP)에서 입장 조율	남극국가운영자회의에서 회원국들의 입장을 조율하여 국제 협력의 효과성 제고
남극 환경 보호 및 보존 기여	남극 환경과 생태계 보호를 위한 공동의 활동 추진

남극 문제에 관련된 남아메리카 국가의 협력은 양자 관계에서 살펴볼 수도 있다. 남극에 가장 가까운 아르헨티나와 칠레는 남아메리카 국가 중에서도 남극에 관한 문제에 가장 많은 관심을 두고 다양한 활동을 한다. 실제로 양국은 남극에 관한 문제에서 다양한 협력 관계를 유지하고 있다. 다양한 공동 과학 프로젝트의 진행이 이루어지고, 연구자 사이의 교류를 촉진하기 위해서 관심 분야를

특정하기도 했다.

최근 양국은 생물 복원, 고생물학, 사회과학 등 다양한 분야에서 협력을 강화할 가능성을 논의했고, 남극 관광에 대한 국내 정책과 규제를 논의하고, COVID-19 상황과 이후의 관광 및 남극 활동에 대한 기준을 표준화하기 위해서 지속적인 정보 교환에 합의했다. 예를 들어, 2016년에 양국 장관 회의에서 칠레와 아르헨티나의 남극연구소인 칠레 남극연구소(INACH)와 아르헨티나 남극연구소(IAA) 사이에 협력을 위한 합의가 이루어졌다. 이러한 양자 협력 사례는 국가의 이익을 다루는 동시에 '남극조약 체제'의 강화를 목표로 한다.

남아메리카 국가들은 '남극조약 체제'의 구성원들과도 개별적으로 협력한다. 예를 들어, 아르헨티나 칼리니 기지(Carlini Base)의 달만 실험실(Dallmann Laboratory)은 아르헨티나와 독일의 남극 과학 협력의 상징이다. 2019년 아르헨티나는 스페인의 극지연구선 'BIO-Hespérides'호에서 공동 연구 프로젝트를 수행했다. 또한 칠레 남극연구소와 한국의 극지연구소는 2012년 국가별 남극 프로그램 사이의 협력에 합의했고, 공식적인 협력 메커니즘을 개발하며 협력 의사를 구현하여 2016년에 칠레-한국 남극 협력 센터를 개소했다. 칠레는 또한 미국, 노르웨이, 영국 등 다른 〈남극조약〉 서명국들과도 강한 양자 관계를 유지하고 있다.

남극에 관한 국제 회의에서는 과학 조사와 연구가 외교적 결정에 영향을 준다. 남아메리카의 국가들은 과학을 바탕으로 합의에 도달하려는 목표로 국제 회의와 다자간 결정을 적극적으로 주도

한다. 예를 들어, 아르헨티나와 칠레는 〈남극해양생물자원보존협약(CCAMLR)〉의 무대에서 이전의 보호구역 설정 사례를 따라 남극 반도 주변에 해양 보호 구역의 설정을 제안하며 협력하고 있다. 이 제안은 현재 검토 중인데, 지정학·과학·환경·어업의 이해관계에 따라 결론이 달라질 수 있다.

남극 문제에 대한 남아메리카의 국가들 사이에 이루어지는 협력은 여러 요소와 배경을 바탕으로 발전했다. 〈남극조약〉이 처음 체결되던 시기부터 중요한 지위를 가졌던 아르헨티나와 칠레가 선도적 역할을 했는데, 이러한 양국의 활동은 남아메리카가 남극에서의 과학적 연구와 외교적 협력을 강화하는 역할을 했다. 아르헨티나와 칠레는 남극에서 중요한 연구 기지를 운영하여 활발하게 남극 관련 연구를 수행하면서, 국제적으로 '남극조약 체제'의 핵심 목표인 평화와 협력을 증진하는 과학적 기여를 인정받았다. 1970년대 이후에는 브라질을 포함하여 이전보다 많은 다른 남아메리카의 국가도 '남극조약 체제'에 참여하면서 국제 사회의 과학 연구 전반에 영향을 주었다.

전통적으로 '남극조약 체제'에서 가장 활동적인 국가는 남극과 지리적으로 인접한 아르헨티나와 칠레이며, 지금도 이 국가들이 '남극조약 체제'에서 남아메리카의 활동을 주도한다고 평가할 수 있다. 현재 아르헨티나, 브라질, 칠레, 에콰도르, 페루, 우루과이가 '남극조약 체제'에서 협의 당사국으로 활동하고 있다. 또한 많은 남아메리카 국가가 '국가남극프로그램운영자위원회'와 '남극연구과학위원회' 등 비정부 국제포럼에서도 적극적인 활동을 하고 있다.

'남극조약 체제'에서 중요한 변화는 2004년 부에노스아이레스에 〈남극조약〉 사무국 본부가 설립된 것이다. 사무국의 설치는 다자 조약인 〈남극조약〉과 이에 기반한 '남극조약 체제'의 접근 방식을 근본적으로 변화시키며, 이전보다 국제법의 취지가 현실적으로 적용되고 구현되는 모습을 낳았다. 이를 계기로 아르헨티나는 '남극조약 체제'에서 더욱 중요한 역할을 하게 되었으며, 남극에 대한 남아메리카의 관심과 참여를 촉진한 것도 사실이다.

남극과 남아메리카의 지리적 근접성은 중요한 협력 요소이다. 아르헨티나의 우수아이아(Ushuaia)와 칠레의 푼타아레나스(Punta Arenas)가 가지는 남극 반도와의 근접성은, 양국이 남극에서 전략적 이익을 유지할 수 있는 중요한 거점 역할을 한다. 이 지역들은 남극과의 물리적 거리가 짧고, 과학적 연구와 환경적 연구에 중요한 연결고리 역할을 한다. 우수아이아와 푼타아레나스에 있는 연구 기관들은 남아메리카 국가 사이의 협력을 강화하고, 국제적으로도 협력할 수 있는 잠재력을 가진다. 예를 들어, 2017년 푼타아레나스에서 개최된 제9회 '라틴아메리카 남극 과학 회의(Latin American Congress of Antarctic Science)'와 2019년 우수아이아에서 열린 남극연구과학위원회의 'SC-HASS 2년차 컨퍼런스(SC-HASS Biennial Conference)'는 남극 연구 공동체의 협력을 촉진하고, 남아메리카의 국가들이 남극 연구와 정책에 영향을 주는 기회를 제공했다.

표 5 • 남극에 관한 남아메리카 협력의 근본적인 요소

아르헨티나와 칠레의 주도, 다른 국가의 참여	
부에노스아이레스의 남극조약 사무국 설치 ⇒	남극 문제에 관한 남아메리카의 협력
남아메리카의 지리적 근접성	

　이러한 요소들은 남아메리카 국가들이 남극 문제에 관하여 협력을 수행하는 과정에서 중요한 기반이 되었다. 이러한 요소들은 앞으로도 남아메리카 지역과 구성원들이 '남극조약 체제'를 포함한 국제 사회의 남극 문제가 논의되는 무대에서 더욱 적극적으로 정치적·과학적 그리고 전략적 관점에서 중요한 역할을 할 수 있도록 하는 자극제가 될 것이다. 이들은 이미 관련 국제 사회에서 차츰 입지를 확립하며, 남극과의 연결을 통해서 지속적인 협력을 도모하고 있다.

제 4 장

남극의 환경에 관한 남아메리카의 규율

1 칠레의 남극 활동과 규율

칠레의 남극과의 연계는 일반적으로 알려진 1603년 남극 해안의 발견이나 1820년 남극의 인류사 편입 이전인 1539년, 유럽 탐험가들의 항해 시기부터 시작되었다. 이러한 초기 접촉은 이후 19세기 후반, 남아메리카 남부 지역에서 금이 발견되면서 본격화되었으며, 이는 대규모 유럽 이민을 유발하고, 농업과 산림 개발을 동반한 지역 경제의 성장을 이끌었다. 특히, 칠레 남단의 푼타아레나스(Punta Arenas)는 이러한 경제적 변화를 기반으로 남극과의 전략적 연결지로 부상했고, 오늘날에는 남극 경제와 과학 활동의 주요 허브로 기능하고 있다. 물류 중심지이자 관광 기점인 이 도시는 남극 활동의 전진 기지로서 상징적인 의미를 지닌다.

칠레는 1956년, 노르웨이의 로알 아문센 탐험 이후 50년도 채 되지 않은 시점에서 남극 관광 비행을 시작하며, 일찍부터 적극적인 남극 활동을 시작했다. 이러한 선제적 접근은 1959년 〈남극조약〉의 최초 서명국으로 참여한 배경이 되었으며, 현재까지 〈남극조약〉 협의 당사국(ATCP)으로서 조약 체제의 핵심 의사결정에 관여하고 있다. 또한 칠레는 1958년 창설된 남극연구과학위원회(SCAR)의 창립 회원국이며, 국가남극프로그램관리위원회(COMNAP)와 남극해양생물자원보존위원회(CCAMLR)의 정식 회원국으로서 국제적인 남극 거버넌스에 참여하고 있다. 이와 같은 다자간 참여는 칠레가 단순한 남극의 이웃 국가가 아니라, 책임을 지는 국가로 기능하고 있음을 보여준다.

칠레는 국내 법제 정비를 통해 남극에 대한 정책을 보다 체계화했다. 특히 2020년에 제정되어 2021년 발효된 법률 제21255호, 일명 〈칠레 남극법(Ley Antártica Chilena)〉은 남극 관련 법령을 종합적으로 통합한 입법으로, 국가 차원의 남극 활동을 법적으로 뒷받침한다. 이 법은 환경 보호를 기본 원칙으로 삼고 있으며, 폐기물 관리, 환경영향평가, 비상사태 대응, 환경 피해에 대한 법적 책임, 환경 범죄에 대한 형사적 규제 등을 명문화했다. 이러한 체계는 1991년 채택된 〈환경 보호에 관한 마드리드 의정서〉와 유사한 구조를 지니고 있어, 칠레가 국제 환경 기준을 자국 법률에 충실히 반영하고 있음을 보여준다.

이와 함께, 2023년 제정된 법률 제21595호, 〈경제범죄 및 환경범죄법(Ley sobre Delitos Económicos y Medioambientales)〉은 칠레 형사법 역사상 가장 중요한 개혁 중 하나로 평가된다. 이 법은 남극 환경과 관련된 위반 행위를 경제 범죄로 재정의하고, 푼타아레나스 지역 검찰청에 해당 사건의 조사 및 기소 권한을 부여했다. 이를 통해 칠레 정부는 남극 보호를 단순한 과학 정책 차원을 넘어 형사법적 대응의 영역으로 확장하고 있는 것으로 해석할 수 있다.

칠레 외교부 산하의 남극국(Dirección de Antártica, DIRANTARTICA)은 국가 차원의 남극 전략 수립과 실행을 담당하는 행정기관으로, 환경 보호와 영토 주권 수호를 핵심 목표로 설정하고 있다. 이 기관은 남극에서의 활동을 종합적으로 조율하며, 국가적 차원에서의 정책 추진을 주도하고 있다. 남극국은 2017년 국가 남극 정책 수립을 시작으로, 2020년 남극 관광 정책, 2020-2024 전략 계획 등을 단계적으로 마련해 왔다. 또한 국방부, 재무부, 환경부, 과학기술부 등 여러 정부 부처와 협력하여, 남극 보존 프로그램을 구체적으로 실행하고 있다. 이러한 협업 구조는 남극에 대한 칠레의 정책이 다양한 부처가 통합하여 접근하고 있음을 보여준다.

한편, 1963년 공식 출범한 칠레 남극연구소(Instituto Antártico Chileno, INACH)는 푼타아레나스에 본부를 둔 대표적인 과학 연구 기관으로, 기후변화와 관련된 현장 기반 연구를 선도하고 있다. 남극연구소의 중심 프로그램인 칠레 국가 남극 과학 프로그램(Programa Nacional de Ciencia Antártica, PROCIEN)은 31개 칠레 과학 기관의 연구자들이 참여하며, 연간 150만 달러까지 지원되는 대형 프로젝트에서 소규모 단기 프로젝트까지 다양한 과제를 운영하고 있다. 이 프로그램은 7개의 주요 연구 분야로 구성되어 있으며, 각 분야는 다음과 같다.

표 1 · 칠레 국가 남극 과학 프로그램의 주요 연구 분야

기후변화와 남극	남극 지역의 기후변화가 환경과 생태계에 미치는 영향 연구
생태계 상태	남극 생태계의 현재 상태와 변화 양상 분석
미생물학	기후변화가 남극 미생물 군집에 미치는 영향 연구
해양생물학	남극 해양생물의 생태와 행동 연구
육상생물학	남극 육상생물의 생태와 적응 메커니즘 연구
지구과학	지질학, 지구물리학, 빙하학 등 지구과학 연구
사회과학 및 인문학	남극과 관련된 사회, 정치, 문화적 측면 연구

이러한 연구들은 남극의 환경 변화와 생태계에 대한 이해를 높이고, 국제 사회와의 협력으로 지속가능한 관리 방안을 찾는 역할을 한다. 특히 이 프로그램은 미국, 독일, 프랑스, 한국, 중국 등 다수 국가와의 국제 공동 연구를 통해 과학 외교의 매개체 역할을 한다. 한국의 극지연구소(KOPRI)와 칠레의 남극연구소는 2015년 상호 협력을 위한 양해각서(MOU)를 체결했고, 2016년 칠레-한국 남극 협력 센터를 개관했다. 이 센터는 양국의 남극 연구 협력을 강화하고, 공동 연구를 추진하는 거점으로 기능하고 있다.

칠레는 역사적, 지리적 조건을 바탕으로 남극 활동의 선도국으로 활동하고 있다. 초기의 탐험에서부터 현대의 과학 협력에 이르기까지, 칠레는 남극에 대한 지속적 관여와 제도적 기반을 구축하며 독자적인 전략을 발전시켜 왔는데, 남극법과 같은 통합 입법의 제정, 환경 범죄에 대한 형사적 대응, 국제 과학 네트워크와의 연계는 칠레가 남극 거버넌스에서 수행하는 전략적 위치를 강화한다. 향후 기후변화와 해양 생물 다양성 보존이라는 세계적 과제에 직면한 상황에서, 칠레는 남극 보호와 지속가능한 개발의 조화를 추구하는 중요한 국가로서 그 책임과 역할을 계속 확대해야 한다.

2 아르헨티나의 남극 활동과 규율

아르헨티나의 남극 활동은 1902년 호세 마리아 소브랄(José María Sobral)이 오토 노르덴스키올드(Otto Nordenskiöld) 극지탐험대와 함께 남극에 진입하면서 시작되었다. 그는 아르헨티나인 최초로 남극 대륙에 진입했으며, 두 시즌을 현지에서 체류하며 연구 활동을 수행했다. 이후 1904년 아르헨티나는 스코틀랜드 탐험가 윌리엄 브루스의 제안에 따라 남극의 로리섬(Laurie Island)에 오르카다스 기지(Orcadas Base)를 설립했고, 이는 현재까지 운영되고 있는 세계에서 가장 오래된 상시 남극 기지 중 하나이다.

아르헨티나는 오르카다스 기지를 기점으로 남극 전역에 상주 및 계절형 기지를 확대했다. 현재 운영 중인 6개의 영구 기지

(Carlini, Orcadas, Esperanza, Marambio, San Martín, Belgrano II)와 7개의 임시 기지(Brown, Primavera, Deception, Melchior, Matienzo, Cámara, Petrel)는 다양한 과학 연구와 물류 지원의 거점으로 활용된다. 특히 1969년 설립된 마람비오 기지(Marambio Base)는 항공기 이착륙이 가능한 남극 최초의 활주로 기지로, 항공 물류의 핵심 허브로 자리매김했다. 1978년부터는 여러 쇄빙선을 운용하여 해상 물류 지원도 강화했다.

초기의 남극 관련 업무는 국방부 산하의 국립남극지휘국(Dirección Nacional del Antártico, DNA)이 주관했으며, 이는 군사적 전략과 영토 방어 중심의 접근이 우선시되었음을 의미한다. 그러나 2004년 부에노스아이레스에 〈남극조약〉 사무국이 설치되면서 아르헨티나의 남극 정책에 관한 업무는 주로 외교부(Ministry of Foreign Affairs, International Trade and Worship)로 이관되었고, 이는 정책 기조가 국제 협력, 과학 연구, 환경 보호로 전환되었음을 의미한다.

현재 아르헨티나 외교부의 남극외교정책국(Dirección Nacional de Política Exterior Antártica, DNPEA)이 남극에 관련된 정책의 전반을 관리 감독하며, 아르헨티나 국방부는 여전히 남극으로 이동하는 군수 물자와 인력 수송을 담당한다. 아르헨티나의 남극 정책을 전담하는 핵심 기구인 남극외교정책국은, 외교부의 말비나스 남극 남대서양부(Subsecretaría de Malvinas, Antártida y Atlántico Sur)에 소속되어 다음과 같은 다양한 외교적·행정적 기능을 수행한다.

표 2 • 아르헨티나 남극외교정책국의 주요 역할

정책 설계 및 실행	아르헨티나의 남극 외교 정책 목표를 설정하고, 실현하기 위한 계획과 프로그램을 수립·조정하며 국가 전략을 실행함.
국제 협상 및 대표	남극 관련 다자회의 및 협상에서 아르헨티나를 대표하고, '남극조약 체제'에서 국제법적 의무 이행을 주도함.
정책 조정 및 지침 제공	국내외 남극 관련 활동에 정책적 지침을 제공하고, 정부 부처들과 협력하여 정책의 일관성과 통합성을 유지함.
남극조약 사무국 관리	아르헨티나에 위치한 남극조약 사무국 운영에 관여하여 제도적 기반을 강화함.

첫째, 남극외교정책국은 아르헨티나의 남극 외교 정책 목표를 설정하고, 이를 실현하기 위한 계획과 프로그램을 수립·조정하는 역할을 맡고 있으며, 국가 전략의 실행 주체로 기능한다. 둘째, 국제적인 차원에서는 남극 관련 다자 회의 및 협상에 아르헨티나를 대표하고, '남극조약 체제'에서 국제법적 의무를 이행하는 중심적 역할을 담당한다. 셋째, 남극외교정책국은 국내외의 남극 관련 활동에 대해 정책적 지침을 제공하고, 정부 부처들과 협력하여 정책의 일관성과 통합성을 유지한다. 마지막으로, 남극외교정책국은 아르헨티나가 유치한 〈남극조약〉 사무국의 운영에 관여한다. 이러한 역할들은 아르헨티나가 남극 문제에서 외교적 리더십을 지속적으로 확립해 나가는 기반을 제공한다.

1951년 설립된 아르헨티나 남극연구소(Instituto Antártico Argentino, IAA)는 남극 과학 연구의 중심 기관으로, 현재는 부에노스아이레스의 산마르틴 대학교(Universidad Nacional de San Martín, UNSAM)에 본부를 두고 활동하고 있다. 연구소는 기후변화, 생물 다양성, 생명공학적 응용, 아르헨티나와 남극의 지리적 연계에 관한 연구를 수행하며, 독일과의 협력을 통해 칼리니 기지 내 달만 실험실(Dallmann Laboratory)을 공동 운영하고 있다. 또한, 연구소는 100명 이상의 연구 인력과 기술자, 행정 인력을 보유하고 있으며, 이 중 절반 이상은 남극 현지에서 활동하는 등 연구의 현장성과 전문성을 동시에 확보하고 있다.

아르헨티나는 〈남극조약〉의 최초 서명국이며, 국제법상 남극의 군사적 이용 금지와 평화적 이용 원칙을 강하게 지지하고 있다. 특히 2004년에는 〈남극조약〉 협의 당사국 회의의 결정에 따라서 부에노스아이레스에 〈남극조약〉 사무국을 유치하여 위상을 강화했다. 이 사무국은 법인격을 갖추고 있으며, 2003년 아르헨티나 정부는 〈남극조약〉 협의 당사국 회의와 본부 협정(Headquarters Agreement)을 체결하여 사무국의 운영을 지원하고 있다. 이 협정은 사무국의 법적 지위, 재정 지원, 운영 방식 등을 규정하며, 아르헨티나 정부와 〈남극조약〉 협의회 사이의 관계를 명확히 한다. 이러한 조치는 아르헨티나가 단순한 조약 당사국을 넘어 '남극조약 체제'의 제도적 중심국으로서 기능하고 있음을 보여준다.

아르헨티나는 1958년부터 남극 관광 크루즈를 시작했고 최근에 남극에 진입하지 않고 유람선으로 남극 경치를 즐기는 관광객

이 많아졌다. 아르헨티나 티에라 델 푸에고(Tierra del Fuego)주의 우수아이아(Ushuaia)는 19세기에 개발된 지구 최남단의 도시로, 칠레의 푼타아레나스와 함께 남극으로 가는 주요 관문이다. 이곳을 찾는 관광객들은 비행기뿐만 아니라 이 도시가 개발되는 과정에서 활용된 전통적인 방식으로 선박이나 요트를 이용하기도 한다. 최근 이곳은 단순한 관광지를 넘어 2019년 'SC-HASS 2년차 컨퍼런스' 등 남극 관련 행사를 개최하기도 했다.

아르헨티나는 20세기 초부터 지속적으로 남극에서 활동을 전개했으며, 과학적 탐사와 정치적 주권 강화라는 목적 아래 남극 정책을 발전시켜 왔다. 남극의 여러 연구 기지와, 남극연구소의 적극적 활동, 외교부 중심의 정책 전환 및 국제 기구 유치 등은 아르헨티나가 남극 문제에서 중요한 행위자로 자리매김하게 만든 핵심 요소들이다. 향후 아르헨티나는 남극의 지속가능성과 국제 협력을 동시에 추구하며, 과학기술적 기여와 지정학적 전략을 균형 있게 유지하려는 방향으로 남극 정책을 전개하고자 한다.

3 브라질의 남극 활동과 규율

19세기 말부터 20세기 전반까지 브라질은 남극에 대한 관심이 많지 않았다. 브라질 정부는 1820년 남극 탐험 과정에서 브라질의 리우데자네이루(Rio de Janeiro)에 기착한 러시아 탐험가인 벨링스하우젠(Faddei Faddeyevich Bellingshausen)의 탐험대에 지원을 했다. 당

그림 1・리우데자네이루에 있는 벨링스하우젠의 기념상.

출처: 저자 제공.

시 브라질 스스로 남극 탐험에 참여한 사례는, 1882년 브라질 해군의 코르베타 임페리알 파르나이바(Corveta Imperial Parnahyba)호가 칠레의 푼타아레나스로 항해한 것이 대표적이다. 20세기 들어서도 브라질의 남극 탐험과 1950년대 국제 사회의 남극 관련 정치적 논의 참여는 소극적이었고, 브라질은 1959년 〈남극조약〉이 체결된 워싱턴 회의에도 초대받지 못했다.

브라질은 20세기 중반이 지나면서 남극의 전략적 중요성을 인식하기 시작했으며, 이러한 인식은 주로 학술계와 군부를 중심으로 확대되었다. 브라질의 광대한 해안선을 고려할 때, 남극은 단순한 과학적 탐사의 대상이 아니라 국가 안보 및 영토 방위와도 밀접하게 연관된 지역으로 간주되었다. 특히 냉전 시기에는 남극 및 남아메리카 해역에서 소련의 미확인 잠수함이 출몰했다는 경고가 제기되었고, 냉전의 긴장이 남아메리카와 남극으로 확대될 가능성에 대한 우려가 고조되면서, 남극에 대한 전략적 관심이 더욱 부각되었다.

이러한 배경 속에서 브라질은 남극 대륙에 대한 내부 논의를 본격화했으며, 일부 연구자들은 남극의 일정 지역에 대해 브라질의 영유권을 주장해야 한다는 견해를 제시했다. 이들은 특히 남반구 국가들의 국경선 연장을 기준으로 남극 영토를 분할해야 한다는 '경계 이론(Frontage Theory 또는 Defrontation Theory)'에 기반하여, 해당 지역의 국제화에 반대하는 주장을 펼쳤다. 또한 일부 학자들은 남극이 브라질 기후에 미치는 직접적이고 중대한 영향을 영토 주장 근거로 제시했으며, 브라질이 〈남극조약〉에 가입한 이후에도 일부 의견은 남극에 대한 잠재적 주권을 유지해야 한다고 주장했다. 이러한 논의는 브라질의 남극 정책이 단순한 과학 탐사 차원을 넘어 주권적 관점에서도 형성되고 있음을 보여준다.

브라질의 의사이자 언론인이었던 두르발 로사 보르제스(Durval Rosa Borges)는 1958년 2월에서 3월 사이에 미국의 초청으로 남극을 방문하여, 남극 대륙에 최초로 발을 디딘 브라질인이 되었다. 그는 뉴질랜드에서 출발한 탐사대에 동행하며 현지에서의 경험을 브라질 신문에 연재했고, 이를 바탕으로 1959년 『남극의 브라질인(Um brasileiro na Antártida)』이라는 책을 출간했다. 이 책은 남극

그림 2 • 코만단치 페하즈 남극 기지.

출처: 위키피디아.

에 대한 브라질의 초기 관심을 대중적으로 확산시키는 역할을 했다. 보르제스는 브라질 국기를 남극에서 게양한 사진을 통해 자국의 존재감을 상징적으로 드러냈으며, 그의 활동은 브라질이 남극에 대해 과학적·전략적 접근을 모색하기 시작한 전환기의 일환으로 해석될 수 있다.

이후 브라질 정부는 1975년 〈남극조약〉을 비준하는 절차를 마쳤고, 1976년 영국 정부의 초청으로 브라질 해군은 중령 루이스 안토니오 드 카르발류 페라즈(Luiz Antônio de Carvalho Ferraz)를 남극에 파견했다. 이후 브라질은 1983년에 〈남극조약〉 협의 당사국 지위를 획득하고 1984년에는 남극연구과학위원회에도 가입했다. 이 시기에 브라질은 〈남극조약〉 협의 당사국 지위의 요건을 충족하기 위하여 1984년 남극 킹 조지섬에 코만단치 페하즈 남극 기지(Comandante Ferraz Antarctic Station)를 설치했는데, 이 연구 기지는 2012년에 화재로 파괴된 이후 보수를 거쳐 2020년에 다시 업무를 시작했다.

〈마드리드 의정서〉로 남극의 환경적 중요성이 강조되었고, 기후변화가 국제 사회의 핵심 의제로 대두되면서, 남아메리카와 남극의 생물학적·대기과학적·지질학적 연관성에 대한 인식이 확대되었다. 이에 따라 연구자들은 남극의 빙하, 오존층, 해류 변화가 아마존을 포함한 브라질 전역에 미치는 영향을 분석하는 연구를 본격적으로 시작했다. 이밖에 브라질은 1996년 〈마드리드 의정서〉를 비준하고 환경영향평가를 수행하기 위한 그룹을 만들면서 지속적인 남극 연구 수행을 위한 기반을 강화했다.

1982년 출범한 브라질의 남극 프로그램(Programa Antártico Brasileiro, 이하 PROANTAR)은, 브라질 해군의 주도로 여러 부처와 연구기관의 협력으로 운영된다. 이 프로그램은 남극 환경 보호, 생태계 및 기후변화 연구, 국제 사회에 대한 과학적 기여, 그리고 〈남극조약〉 및 〈마드리드 의정서〉 이행을 주요 목표로 설정했다. 특히 이 프로그램으로 기후변화가 남극에 미치는 영향과 그에 대한 생태계의 반응, 지질학·지구물리학·빙하학 등 지구과학 분야의 연구, 오염 확산과 폐기물 관리에 관한 과학적 조사가 이루어진다. PROANTAR는 '남극조약 체제'라는 국제법 질서에 기반한 협력을 중시하며, 브라질의 국가 환경 정책과 연계되어 남극에서 축적된 과학적 성과를 자국의 기후 및 지속가능성 정책에 반영하려는 방향으로 발전한다.

브라질은 PROANTAR를 통해 남극 연구의 국제 협력도 추진한다. 브라질은 여러 국가와 공동 연구를 수행하며, 남극에서 얻은 자료를 국제적으로 공유한다. 이러한 협력은 남극 환경 보호, 기후변화 대응, 생물 다양성 보전 등 글로벌 이슈와 연결되어 있으며, 브라질은 국제 사회에서 책임 있는 연구국이라는 위상을 얻는다. PROANTAR는 기후변화 대응, 오염 방지, 생물 다양성 보호와 관련된 국제 네트워크에도 참여하는데, 장기적으로는 남극 연구로 아마존을 비롯한 자국의 기후 및 생태 환경 문제 해결에 활용하려고 한다. 이러한 노력은 브라질이 환경 보호와 지속가능한 개발이라는 원칙을 남극 활동에도 적용하려는 의지를 보여준다.

브라질은 2000년대 초반부터 남극을 국가 방위 정책(Política Nacional de Defesa, PND)의 대상 지역으로 포함시켰다. 이후 2021년에는 국립남극문제위원회(Comissão Nacional para Assuntos Antárticos, CONANTAR)를 설립하여, 정부의 여러 부처와 기관 사이의 정책 조율을 담당하도록 했다. CONANTAR는 브라질의 남극 관련 과학 연구, 환경 보호, 국제 협력 활동을 통합하여 관리하며, 〈남극조약〉에 따른 브라질의 활동을 지원하는 기반이 된다.

브라질은 남극에 인접하는 남대서양을 활용하여 대규모의 상업적 효과를 거두고 있다. 브라질의 석유와 가스 생산의 90퍼센트 정도가 이 해양 지역에서 생산된다고 한다. 특히 브라질에 연결되는 물류의 상당량이 이 해역의 해상운송으로 처리하는데, 연간 2,290억 달러 이상의 물동량이자 브라질 국제 무역의 95퍼센트 정도가 이 해역을 통해서 이루어진다. 남극 지역에 접근하는 주요 경로는 남대서양을 통과한다는 점을 고려하면, 미래에 이곳은 브라질의 해상운송에 중요한 경로로 활용될 수 있다. 파나마 운하와 수에즈 운하의 여러 제한은 남극 대륙과 남아메리카 대륙 사이의 드레이크 해협(Drake Passage) 등의 경로에 관심을 증가시켰다.

브라질은 남대서양의 이익 유지를 목적으로 다자간 전략을 채택했다. 남대서양 평화와 협력 지대(South Atlantic Peace and Cooperation Zone/Zona de Paz e Cooperação do Atlântico Sul, ZOPACAS) 조성, 그리고 브라질, 인도, 남아프리카공화국의 군사 훈련(India, Brazil, South Africa Maritime, IBSAMAR)이 대표적인 사례이다. 브라질은 남아메리카의 국가와 협력도 확대하고 있는데, 다양한 양자 기술 및 물류 지원 협정의 체결과 함께 라틴아메리카 남극 프로그램 관리자 회의(RAPAL)와 같은 지역 협력에도 참여한다.

남극 문제에 관하여 남아메리카의 국가들과 협력하는 것도 브라질의 전략이다. 심각한 기후변화의 영향과 무분별한 개발에 의한 환경 파괴에 관한 국제 사회의 관심이 아마존과 같은 상징적 지역들에 연관된다는 점을 고려하여, 브라질과 남아메리카의 국가들은 지역 내부적인 협력, 합동 조사와 연구, 국제 사회에서 공동 의견의 표출 등 연대적 활동의 필요성에 공감하고 이를 실천한다. 또한 남극 관광 산업의 확대와 COVID-19의 영향 등 여러 변수에도 공동 대응하는 모습이 목격되고 있다. 이러한 협력들은 관련 국가들의 이익을 추구한다고 평가할 수 있으나, 동시에 '남극 조약 체제'의 강화를 목표로 하거나 그러한 결과로 수렴한다.

4 남아메리카의 남극 관련 국내법: 칠레의 남극법 사례

제도적 체계를 설정하는 법은 법치국가의 본질적인 요소이자 주권의 절대적 표현이다. 국내법은 국가의 다양한 운영 기구에 구조와 기능을 제공하며, 그 활동 범위를 제한함으로써 복잡한 국가 체계에 질서와 효율성을 부여한다. 남극 관련 사안도 이러한 원칙에서 벗어나지 않으며, 칠레의 〈남극법〉은 국내 사회 구성원의 이해관계를 조정하고, 사회적 질서를 유지하기 위한 목적으로 마련된 것이지만, '남극조약 체제'의 국제법 내용을 반영한 국내법이라고 평가할 수도 있다. 이러한 의미는 칠레가 '남극조약 체제'의 구성원으로서 국제적 의무를 이행할 수 있도록 돕는다.

〈남극법〉 이전 칠레에 적용된 남극 일반에 관한 국내 규범은 1955년 법률 제11846호와 1956년의 대통령령 제298호 정도였다. 남극에 대한 칠레의 영토권을 규정한 법률 제11846호는 '남극 칠레 영토에 관한 모든 행정적 문제를 해결하는 것은 푼타아레나스가 주도인 마가야네스(Provincia de Magallanes) 지사의 권한에 속한다'는 내용을 담았지만, 1956년의 대통령령 제298호는 칠레 남극 영토의 행정에 관한 사항을 17개 조항으로 상세히 규정했다. 구체적으로는 지사의 권한 행사 및 자문 절차, 남극 활동 대표자와 이들의 권한, 어업 및 사냥 통제와 허가 발급, 자원 채취 활동에 대한 세금 투자, 남극 내 토지 양도 및 관할권, 외교부의 감독 역할 등을 규정했다.

2020년 법률 제21255호로 제정된 〈칠레 남극법〉은 기존 칠레의 다양한 남극 규범들을 통합하여 남극에서의 과학적 연구와 국제적 활동을 강화하는 법적 근거를 제공했고, 기존의 단편적인 규범들을 대체했다. 기후변화와 신흥 강대국의 남극에 대한 영향력 행사가 강해지는 상황에서, 2000년 발표된 칠레의 국가 남극 정책은 기존 국내법을 정비해야 한다고 제안했고, 2007년 칠레 남극정책위원회에서 제정이 지시되었다. 2011년 당시 외교부 차관의 제안으로 외교부에 남극국(Dirección de Antártica)이 설립되면서 본격적인 법안 작업이 진행되어, 2013년 외교부를 거쳐 2014년 국회에 제출되었고, 전문가와 기관의 의견이 반영되면서 입법 절차도 마무리되었다. 이 법은 2021년부터 적용되어 환경영향평가, 허가 체계 등 세부 규제를 제정할 수 있는 근거를 제공했다. 이 법에 따른 각 책임 기관과 부서는 하위 규범을 제정하기 위해 2년의 기간을 부여받아서 법의 실효성을 확보했다.

2011년 새로운 남극법 제정을 위한 작업이 시작되었을 당시, 주요 목표는 규정들을 최신화하고 국제적 의무와 조약의 규정에 맞추는 것이었다. 2013년 〈남극법〉 초안에는 칠레 남극 영토의 정부 행정에 대해 어느 정도 세부적으로 다룬 제3장(제15-20조)이 포함되어 있었으며, 이는 1955/1956년의 규정들을 최신화하고 국가주권 아래 있는 극지 공간을 적절히 관리할 제도적 구조를 만들려는 의도였다.

그러나 초안에 포함된 이 장과 다른 규정들은 2014년 법안에는 반영되지 못했다. 이 법안에서는 칠레 남극 영토의 행정에 관한 언급이 생략되었다. 2018년 칠레 행정부가 법안 심사를 추진하면서, 2014년에 제출된 법안에 대한 부분적이고 제한적인 수정만 있었는데, 당시 이러한 수정들은 실질적이었으며 법안은 크게 개선되었다. 이 과정에서 여러 중요한 주제들을 다시 반영할 수 있었고, 다양한 부처와 의회 고문들의 협력이 있었다.

〈칠레 남극법〉은 기존 칠레의 남극에 관련된 법적 체계를 강화하고 현대화하는 중요한 법률이다. 이 법은 칠레의 남극 주권을 보호하고 강화하며, 남극 활동을 효율적이고 체계적으로 관리하고, 남극 환경 보호와 과학적 연구 활동을 촉진하여 칠레의 국제적인 남극 영향력을 강화하려는 목적을 가지고 있다. 이 법률은 다음과 같이 전체 8개의 장에 58개 조항으로 구성되어 있다.

표 3 · 〈칠레 남극법〉의 조항 구조

제1장 일반 규정
제1조 목적
제2조 칠레 남극 영토
제3조 칠레 남극 영토에 대한 주권적 권리
제4조 적용 범위
제5조 정의

제2장 칠레 남극 관련 기관

제6조 국가 남극 정책

제7조 남극 정책위원회

제8조 남극 전략 계획

제9조 국가 남극 프로그램

제10조 국가 남극 정책 운영, 부처 간 조정 및 국제 대표

제11조 외교부의 남극 관련 기능

제12조 국방부의 남극 관련 기능

제13조 과학·기술·지식·혁신부의 남극 관련 기능

제14조 남극 운영자

제15조 칠레 남극연구소

제16조 국방부에 소속된 남극 운영자

제17조 남극 환경영향평가 운영위원회

제18조 국가 남극 위원회 및 부서

제3장 칠레 남극 영토의 정부와 행정

제19조 마가야네스 및 칠레 남극 지역 대통령 대리의 남극 관련 권한

제20조 마가야네스 및 칠레 남극 지역 정부의 남극 관련 권한

제4장 국가 남극 활동의 재정

제21조 남극 활동을 위한 재정

제5장 남극 활동의 규제

제22조 남극 및 그 자원의 이용과 개발

제23조 금지된 활동

제24조 사전 허가가 필요한 활동

제25조 비국가적 남극 활동의 허가

제26조 국가적 남극 활동의 수행

제27조 남극 과학 및 기술 활동의 허가와 조정

제28조 남극 활동에 참여하는 선박과 항공기의 출항 및 이륙 허가

제29조 과학 활동에 대한 특별 규정

제30조 예술, 문화, 스포츠 활동에 대한 특별 규정

제31조 관광활동에 대한 특별 규정

제32조 남극 해양생물 자원의 어업 및 포획 활동에 대한 특별 규정

제33조 수색 및 구조 활동

제34조 남극 탐험 실행에 대한 사전 통보

제6장 남극 환경의 보호 및 보존

제35조 남극 환경 보호 및 보존 원칙

제36조 폐기물 제거 및 처리

제37조 남극 활동의 환경 영향 평가

제38조 환경영향평가 범주

제39조 운영자에 대한 정보 제공

제40조 남극 환경 손상에 대한 보고 의무

제41조 환경 비상사태

제42조 남극 환경 손상

제43조 추정 원칙

제44조 환경 소송의 주체

제45조 관할권

제46조 보조 규정

제7장 감독 및 제재

제1절 관할 당국, 위반 및 제재

제47조 감독

제48조 위반

제49조 관할권

제50조 절차

제51조 정보 제공 의무

제52조 시효

제2절 남극 관련 특별 범죄

제53조 관할권

제54조 남극 환경에 대한 범죄

제8장 최종 조항

제55조 재정 지출

제56조 이 법령에 위반되지 않아서 유지되는 기존 법률

제57조 보충 입법

제58조 외교부 현대화 목적의 법률 제21080호의 개정

이 법은 칠레의 남극에 대한 역사적 인식을 바탕으로 국제 사회의 '남극조약 체제'를 반영하며, 미래의 도전에도 대비하는 것에 초점이 있다. 칠레는 이 법으로 남극에 대한 권리를 재확인하

고, 기존에 칠레의 활동을 지탱한 원칙의 본질을 바꾸지 않으면서 현대화하고 개선했다. 특히 이 법은 최근 국제 사회의 논제인 해양법의 발전과 환경 보호 관련 사항을 중점적으로 규율하려고 했다. 이 법의 핵심 목적을 정리하면 다음과 같다.

표 4 · 〈칠레 남극법〉의 핵심 목적

> 1. 지리적, 역사적, 외교적, 법적 근거에 의한 칠레의 남극에 대한 권리 보호 및 강화
> 2. 남극에 관한 칠레 기관의 정책 수립과 권한 행사 과정에서 준수할 원칙 설정
> 3. 남극 환경 및 생태계의 보호/보존, 평화와 연구 목적의 자연 보호 구역 유지 촉진, 남극조약 체제의 강화
> 4. 칠레의 남극 활동 증진 및 규제, 운영, 물류, 기술 및 과학적 서비스 제공자로서의 역량 강화, 국가와 비국가적 남극 활동에 관한 칠레의 발전 장려
> 5. 칠레의 남극 활동 활성화, 마가야네스와 칠레 남극 지역의 사회적·경제적 발전 촉진

이 법은 '남극조약 체제'에 따른 절차와 조건을 설정하여 환경과 생태계를 보호하도록 했다. 이러한 절차들은 국제 사회의 기준을 준수하기 위하여 〈마드리드 의정서〉의 내용과 유사한 표현을 사용하면서, 환경 보호 및 보존을 원칙으로 하여 폐기물 제거 및

처리, 남극 환경영향평가, 환경 비상사태 발생 시 의무, 환경 피해 책임 및 환경 범죄에 관하여 자세히 규정했다. 또한 이 법은 규정 위반 및 범죄 유형을 정의하고, 민사, 환경, 형사 소송 절차와 행정적 제재까지 도입했다.

5 〈칠레 남극법〉에 근거한 영토 주장과 국가 기관의 역할

〈칠레 남극법〉은 칠레가 주장하는 남극 영토에 대한 주권이 국제법 및 칠레가 체결한 국제적 약속, 특히 '남극조약 체제'의 합의 사항을 전적으로 존중하면서 행사된다고 규정했다. 한편, 이 법은 칠레가 주장하는 남극 영토를 다시 확인했는데, 해당 지역은 남극점을 꼭짓점으로 하고 북쪽은 칠레 본토와 연속성을 이유로 한계를 설정하지 않은 서경 53도와 서경 90도 사이이다. 또한 이 법은 1982년 〈유엔해양법협약〉에서 규정한 영해, 접속 수역, 배타적 경제 수역, 대륙붕, 확장 대륙붕 및 국제법에 근거하여 칠레가 관할권을 행사할 수 있는 모든 기타 해양 공간을 명시적으로 포함했다.

칠레의 〈남극법〉은 행정기관의 협조를 명확히 규정한 법률 제18575호(국가행정기본법)를 강조하면서, 중앙 정부와 지역 정부의 권한을 조율하고자 했다. 이 법이 규정하는 마가야네스 칠레 남극 지역 정부의 권한은 다음과 같다.

표 5 • 〈칠레 남극법〉이 규정하는 마가야네스 칠레 남극 지역 정부의 권한

- 남극 정체성의 증진
- 예산법의 국가지역개발기금(FNDR) 및 지역 할당 부문별 투자 프로그램 자원의 남극 칠레 영토 프로젝트에 배정
- 〈환경 보호에 관한 남극조약 의정서(마드리드 의정서)〉와 관련 법률에 따른 남극 칠레 영토의 환경 보호 및 보존 촉진/감독
- '남극조약 체제'의 준수, 환경 보호의 보장, 남극 칠레 영토의 관광 촉진
- 국가 개발 목적의 과학, 기술, 지식 및 혁신 전략과 법률 제21105호의 제18조와 제20조에서 언급된 국가 과학, 기술, 지식 및 혁신 정책에 따른 과학 및 기술 연구 촉진
- 남극 칠레 영토 및 남극 관련 문화 활동에 대한 재정 지원과 홍보
- 현행 법률에 따른 기타 모든 권한 수행

 이러한 권한의 행사는 실제로는 실행 과정에서 중복이 발생할 가능성이 있다. 또한 지역 정부와 칠레 남극연구소 사이처럼 권한 충돌의 가능성도 있다. 이러한 부정적인 상황을 피하기 위해서는 법의 효과적인 적용과 운용의 융통성이 필요하다. 이는 해석적 노력을 요구할 것이며, 이는 사실 모든 규범을 구체적인 사례에 적용할 때 발생하는 일이지만, 이 경우에는 남극의 독특한 정치적·법적 맥락을 고려해야 하므로 더욱 복잡하다.

 칠레는 국내법을 통해 남극 영유권을 주장했고, 국가 최고지도

자의 행보도 이와 같다. 2025년 가브리엘 보리치(Gabriel Boric) 칠레 대통령은 남극을 방문하여 '칠레가 영유권을 주장하는 일부 지역에 대한 권리를 확인한다'고 언급한 것이 대표적이다. 이 점에서 〈칠레 남극법〉은 향후 국제 사회에서 남극에 관한 영유권 논의가 활성화될 경우를 대비하여, 법적 준비를 갖추고 있음을 보여주는 것이다.

칠레가 남극의 영토를 주장하고 이에 관한 정부 및 행정을 설계한 것은, 다음 세 가지 내용에 연관된다. 첫째, 남극이 칠레의 영토적 주권이 행사되는 장소인 동시에 칠레가 참여한 '남극조약 체제'에서 이를 금지한다는 이중성이다. 둘째, 한편으로 칠레 헌법이 보장하는 권리와 자유가 칠레 남극 영토에서도 유효하다는 점과, 다른 한편으로 칠레가 환경 보호나 〈남극조약〉 체제의 목표를 위해서 자유를 제한하겠다는 국제적 약속을 했다는 점이다. 셋째, 칠레 남극 영토의 정부와 행정의 실제 실행은 통제, 감독, 제재 권한의 행사 및 사법권 행사와 관련이 있다.

〈칠레 남극법〉은 남극전략계획(Planes Estratégicos Antárticos)이 국가남극정책(Política Antártica Nacional)의 수립과 실행을 규정했다. 남극전략계획은 매년 마련되는 국가 남극 프로그램(Programa Antártico Nacional)을 통하여 구체적인 작업과 행동으로 구현된다. 이러한 계획은 관련 분야에서 권한을 가진 부처와 기관의 활동을 안내하기 위해 특히 필요하며, 과학 및 기술 활동을 지향하는 기준을 포함해야 한다(제8조). 이 법 제9조는 국가 남극 프로그램을 구성하는 활동을 상세히 규정하며, 관련된 여러 기관의 참여를 강조하고 있다.

이 법은 정책과 계획을 수행하는 여러 기관의 권한과 역할을 배분하고, 동시에 관련 기관의 권한 사이의 균형을 추구한다. 이러한 내용은 칠레의 남극 정책 관련 최고 결정 기관인 남극정책위원회부터 운영 업무, 과학 활동, 기지 유지, 군대의 남극 운영 역량 강화까지 포함된다. 여기에는 마가야네스와 칠레 남극 지역의 당국이 수행하는 업무와 해당 지역의 국가 기관의 역할이 포함된다.

〈칠레 남극법〉에 나타나는 남극에 관한 기관들은 대체로 두 가지 유형으로 구분할 수 있다. 첫 번째 유형은 남극 관련 문제를 전담하는 기관들이며, 이들의 독점적인 권한은 남극 문제에 한정된다. 이러한 기관으로는 남극정책위원회, 남극국, 칠레 남극연구소, 남극 환경영향평가 운영위원회, 남극해양생물자원보존협약 국가위원회, 국가남극연구위원회, 그리고 남극지명국가위원회가 있다. 두 번째 유형은 남극 관련 권한을 갖고 있지만 주된 역할이 광범위한 기관들이다. 국경 및 영토국(DIFROL), 칠레 남극 주지사실, 군대(육·해·공군), 공공사업부 항공국, 민간항공청, 해상 및 해운국, 그리고 교육부 등이 여기에 해당한다. 이 기관들을 분류하여 역할을 설명하면 표와 같다.

칠레 남극정책위원회는 관련 기관들이 공동으로 협력하는 중심적 역할을 하는데, 의장인 외교부 장관을 중심으로 남극에 관한 여러 기관의 협력을 통합하여 대통령의 결정에 조언을 제공한다. 특히 이 위원회는 남극에서 국가적 활동에 대한 정치, 법, 과학, 경제, 환경, 물류, 스포츠, 문화, 홍보 등에 관한 기본 방침, 그리고 국가 남극 정책의 주요 방향성을 가늠하는 역할을 한다. 국가 남극

표 6 · 남극에 관련된 칠레의 기관 분류

유형	기관	설명
남극 문제 전담 기관	남극정책위원회(CPA)	정부 차원에서 남극 관련 정책과 문제 전담
	남극국(DIRANTARTICA)	남극 관련 정책, 외교 및 관리 업무 수행
	칠레 남극연구소(INACH)	칠레의 남극 연구와 관련된 활동 지원
	남극 환경영향평가 운영위원회	남극의 환경에 미치는 영향 평가 관리
	남극해양생물자원보존협약 (CCAMLR) 국가위원회	남극의 해양생물 자원의 보호 및 보존
	국가남극연구위원회	국가의 남극 연구 활동 총괄
	남극지명국가위원회	남극의 지명 및 지도 관련 업무 담당
남극 관련 권한을 가지는 일반 기관	국경 및 영토국(DIFROL)	남극 포함 국경과 영토 관련 업무 총괄
	칠레 남극 주지사실	칠레의 남극 지역 관리 및 행정 업무
	군대(육·해·공군)	남극 활동에서 군사적 지원
	공공사업부 항공국	남극으로 가는 항공편과 관련된 업무
	민간항공청	민간 항공편의 남극 접근 관련 업무
	해상 및 해운국	남극에서의 해상 교통과 해운 관련 업무
	교육부	남극 관련 교육 및 연구 지원 정책 추진

정책의 수립은 남극 관련 칠레의 제도적 체계를 잘 나타내는 주요 기능이다. 국가 남극 정책은 칠레의 남극 목표를 설정해야 하며, 이는 정책 제정부터 10년마다 평가 및 갱신을 거쳐야 한다(제6조).

칠레 정부의 외교부(Ministerio de Relaciones Exteriores)는 남극에 관한 칠레의 외교 정책을 계획, 지도, 조정, 실행, 통제, 정보화하고 대통령을 지원하는 역할을 하며, '남극조약 체제'에 관련된 국제기구 및 남극 문제와 관련한 양자 관계에서 국가를 대표한다(제10조 2항, 11조). 국방부(Ministerio de Defensa Nacional)는 군대와 국방부 소속 기관이 수행하는 남극 활동을 계획, 조정 및 지도하며, 이 활동은 항상 평화적이고 과학적인 목적을 가져야 한다(제12조). 과학·기술·지식·혁신부(Ministerio de Ciencia, Tecnología, Conocimiento e Innovación)는 남극 및 그와 관련된 생태계와 관련하여 연구개발 및 과학 연구 전략 계획을 보장하는 역할을 담당한다(제13조).

남극 활동의 가장 중요한 부분은 과학 연구인데, 칠레의 공식적인 과학 연구 작업은 1963년에 설립된 칠레 남극연구소의 관리를 바탕으로 진행된다. 이 법에 따르면, 남극연구소는 과학적·기술적 홍보 활동을 계획, 조정, 승인 및 실행하는 주요 임무를 담당한다(제15조). 남극 활동으로 인하여 발생하는 여러 영향은 객관적인 조사와 예측으로 평가되어야 한다.

칠레군은 남극연구소와 협력하고 지원하며, 남극 활동에 관한 물류, 과학, 기술 활동을 조직하고 수행하는 책임을 담당한다. 이들은 기지, 관측소, 기반 시설, 선박, 항공기, 차량 등을 유지 관리해야 하며, 이 작업은 매년 수립되는 국가 남극 프로그램에 따라 계획되고 실행된다. 이는 5년 단위로 수립되는 남극 전략 계획을 점진적으로 이행해야 하며, 10년마다 수립 및 개선되는 국가 남극 정책에 따른다. 군대 운영자들의 계획과 행동은 국방부를 통해 조율되며, 이들은 평화적 목적으로만 군 인력과 자원을 사용해야 한다는 국제적 약속을 반드시 고려해야 한다.

제 5 장

남극에 관한 국제 사회와 한국의 관심: 남아메리카와의 협력 가능성

1 남극 영유권 주장에 의한 갈등과 해양 보호 구역의 설정

기술과 과학의 발전으로 현대 사회에서 남극은 이전보다 훨씬 인류에게 가까워졌다. 인간은 해안 위주의 남극 탐사와 활용의 수준에서 벗어나, 대륙의 내부까지 도전하기 시작했다. 여러 국가는 남극의 활용 가능성을 진지하게 생각하기 시작했고, 노르웨이와 영국 등은 북극에서 이루어졌던 도전을 남극에서도 구현하려고 했다. 남극점을 먼저 정복하기 위한 노르웨이의 아문젠과 영국의 스콧 사이에 진행된 경쟁이 대표적인 사례이다. 이러한 남극 탐험의 경쟁은 각국 국민의 관심도 받으며 애국주의에 기반한 정치적 도구로 활용되기까지 했는데, 일부 국가는 남극 대륙의 영유권을 주장하기 시작했다.

영국은 남극으로 이어지는 대서양의 섬들이 자국의 영토임을 주장하는 것에 더하여, 19세기부터 시작된 로버트 스콧(Robert

Scott)과 어니스트 섀클턴 등 영국 탐험가들의 남극 활동과 기록을 근거로 1908년부터 남극 대륙의 일부를 자국의 영토(영국령 남극)라고 주장하기 시작했다. 지브롤터, 케이맨제도, 몬트세랫, 버진아일랜드, 버뮤다 등과 함께 영국의 14개 해외 영토에 포함되는, 이른바 영국령 남극(British Antarctic Territory, BAT)이 그것이다. 식민제국주의 이후 영국은 남극으로 가는 관문으로서 포클랜드와 같은 이 지역의 섬을 활용했고, 고래와 물개를 잡는 기지를 만들어 주민을 상주시켰다. 영국은 1903년부터 1950년까지 유럽의 수산 회사가 남극에서 조업하도록 허가증을 발급한 사실까지 영유권 주장의 근거로 삼았다.

아르헨티나와 칠레를 포함한 많은 남아메리카의 국가는, 영국을 포함한 유럽 국가들의 남극에 관한 관심과 영유권을 주장하는 태도가 과거 식민제국주의에서 발현된 것이라 비난했다. 그러나 역설적으로 오히려 이들 남아메리카의 국가들 스스로 남극 대륙의 일부에 대하여 비슷한 근거와 논리로 영유권을 주장하기도 했다. 더 나아가 많은 경우 이들이 주장하는 그들의 남극 영토가 겹치기도 했다. 예를 들어 영국이 주장하는 남극 대륙의 '영국령 남극'은 서경 20도와 80도 사이의 부채꼴 모양의 약 170만 제곱킬로미터이며, 아르헨티나가 영유권을 주장하는 지역은 서경 74도 사이와 남위 60도의 약 96만 킬로미터로, 양국의 주장 범위가 중복된다. 심지어 남아메리카 국가들이 주장하는 남극의 영토가 서로 중복되기도 한다.

냉전 시대인 1959년에 체결된 〈남극조약(Antarctic Treaty)〉은 남극을 평화적이고 과학적인 목적으로만 이용하도록 하며, 모든 영유권 주장을 동결했다. 남극권에 있거나 인접한 포클랜드 제도나 남대서양의 제도를 통제하는 국가는 당황스러운 상황이 될 수도 있는 것이다. 그러나 이러한 영유권 주장의 동결에도 불구하고, 실질적으로는 이 섬들이 군사적·지리적·전략적으로 중요한 역할을 한다.

예를 들어, 이곳에 있는 영국군 기지는 남극과 남대서양에 대한 군사적 통제에서 영국이 중요한 우위를 확보할 수 있도록 한다. 아르헨티나는 남극에 접근하기 위해서 남아메리카 최남단의 우수아이아 항구를 활용할 수 있으며, 이러한 지리적 이점을 활용하여 1904년부터 중단 없이 남극에 상주 기지를 유지하면서, 현재는 러시아와 함께 남극에서 가장 많은 연구 기지를 운영하는 국가가 되었다. 칠레 역시 남극 대륙에 가까운 자국의 항구와 비행 시설 등을 활용하여, 관광 산업 등으로 많은 경제적 이익까지 얻고 있다.

남아메리카와 남극 사이의 드레이크 해협(Drake Passage)에서 북쪽으로 흐르는 남극 환류는, 이곳에서 방해를 받으면서 깊이 200미터 미만의 국부적인 반시계방향 해류를 낳는다. 이 해류는 상당한 양의 영양소가 농축되어 높은 생산성과 생물 다양성을 만들어 낸다. 남극해의 해수가 교차하는 이 지점은 해양 생태의 경계를 만들기 때문에 환경과 생태계 문제에 중요한 의미가 있다. 이곳의 섬들은 1982년 발효된 〈남극해양생물자원보존협약(CCAMLR)〉의 적용을 받는다.

한편, 해양 환경의 보호 의무를 규정한 〈유엔해양법협약 (UNCLOS)〉을 근거로, 국제 사회의 여러 국가는 해양 보호를 실천하기 위한 목적으로 일정한 해양을 해양 보호 구역으로 설정한다. 2012년 영국은 생물 다양성 보호를 명분으로 해당 지역에 100만 제곱킬로미터 이상의 해양 보호 구역을 설정했다. 이에 대응하여 아르헨티나 정부도 포클랜드로부터 남쪽으로 약 200킬로미터, 약 28,000제곱킬로미터에 이르는 해양 공간을 2013년 '나문쿠라-버드우드 뱅크' 해양 보호 구역(Área Marina Protegida Namuncurá Banco Burdwood)으로 지정하여, 지속가능한 자원의 이용과 과학적 연구로 해양 주권을 수호한다고 주장했다.

아르헨티나 정부가 설정한 이 해양 보호 구역을 위한 국내법은, 2014년 법률 제1058/2013호로 공포되어 이 공간의 지정에 관한 법적 근거로 활용된다. 이 법 제2조는 해양 보호 구역을 '200미터 수심 등심선을 외부 경계로 하여, 아르헨티나의 배타적 경제 수역 범위의 버드우드 뱅크로 지정된 구역'으로 한정했는데, 결국 이 구역은 1991년 아르헨티나의 해역에 관한 법률 제23968호 제5조에 정의된 아르헨티나의 배타적 경제 수역과 대륙붕이 있는 지역과 일치한다. 따라서 이러한 아르헨티나 정부의 해양 보호 구역 설정이 순수하게 생태계와 환경 보호를 위한 것만이 아니라는 추측을 낳는다.

이 법 제3조는 해저 생물 다양성의 보호 및 지속가능한 관리를 위하여 민감성과 중요성을 지닌 이 지역을 보존하고, 시범 구역을 설정하여 지속가능하고 환경적이며 경제적인 측면의 해양 생태계

관리를 촉진하며, 생태계 접근 방식을 어업에 적용하고 지구 변화의 영향을 완화하기 위한 과학적 연구를 촉진한다는 목적을 명확하게 했다. 또한 이 법은 〈유엔해양법협약〉 배타적 경제 수역에서 연안국의 권리, 관할권 및 의무를 규정하는 제56조의 규정을 준수한다고 선언하여 국제법 존중 원칙을 명확하게 했다.

더 나아가, 이 법 제4조와 제5조는 이 해양 보호 구역을 다시 핵심-완충-전환 구역이라는 세부 구역으로 분류하여 다르게 취급하고자 했다. 각 구역의 구체적인 규율 내용은 다음과 같다.

표 1 · 나문쿠라-버드우드 뱅크 해양 보호 구역의 세부 분류

구역	규율 내용
핵심 구역	생물학적 다양성과 환경적 취약성으로 통제와 감독에 필요한 활동만 허용
완충 구역	생물의 다양성 보존, 천연자원의 관리, 지역의 복원 등을 위한 과학적 연구와 천연자원 탐사 활동 허용
전환 구역	관리 계획에 따라서 승인받은 대로 생산 및 추출 활동 허용

아르헨티나 정부는 과학을 기반으로 하는 정책을 수립하고, 해양 산업에 관련된 기술을 혁신하는 동시에, 자국민의 해양에 대한 인식을 제고하고자 '팜파 아술(Pampa Azul)'이라고 부르는 정책으

로 국제적 존재감을 확대하려고 한다. 위와 같은 해양 보호 구역 설정과 그 공간에서의 여러 조사와 연구 활동은, 이와 같은 아르헨티나 정부의 팜파 아술 정책의 일부라고 볼 수 있다.

물론 아르헨티나의 활동은 국제 사회에 필요하고 그 결과를 공유하여 활용할 가치가 큰 것이지만, 남극에 연결된 이 공간이 분쟁의 가능성을 안고 있다는 점에서 국제 사회에서 민감할 수도 있다. 실제로 2013년 영국 정부는 아르헨티나 정부의 해상 보호 구역의 설정을 환영하면서도, 이러한 영국 정부의 긍정적인 평가는 어디까지나 넓은 버드우드 뱅크 구역에서 아르헨티나 영토가 확실한 범위에 국한되는 것이라고 하여, 영국 정부가 영유권 주장을 하는 구역에서는 이러한 긍정적인 평가를 거부한다고 민감한 반응을 보였다.

한편으로는 남아메리카와 남극으로 연결되는 섬들이 오랜 시간 영유권 분쟁의 대상이었지만, 남극으로 연결된다는 이유가 오히려 국제 협력의 가능성을 확대한다고 평가할 수 있다. 현재 〈남극조약〉에 따라서 남극 대륙에 관한 각국의 영유권 주장은 동결되어 있으나, 현실적으로 여러 국가가 영유권을 주장하고 있으며 '남극조약 체제'의 변동에 따라서 지금과 같은 통제가 힘을 잃을 수 있다. 따라서 여러 이유로 이 지역은 영국, 아르헨티나, 칠레 등 일부 국가의 분쟁이나 주장의 대상만이 아니라, 오히려 국제 사회에서 더욱 많은 국가가 관심을 가지는 다자적 논의와 평화를 위한 협력의 대상이 될 수 있을 것이다.

2 남극의 과제와 한국-남아메리카 협력의 확대 가능성

남극의 기후변화는 최근 남극과 인근 지역뿐만 아니라, 지구 환경의 근본적인 요소들을 변화시키고 있다. 남극에는 무수히 많은 빙하가 가늠하기 어려운 정도의 두께로 줄지어 있으며, 이들은 가파른 바위 해안을 따라 늘어서 있다. 정상적인 상태에서 이 빙하들은 계절에 따라서 정기적으로 일부를 떼어내고 다시 이를 회복하기 위해서 확장한다. 이와 함께 이 남극의 거대한 얼음덩어리가 대륙을 떠나면서 해류를 따라 천천히 다른 곳으로 흐르는 과정을 반복한다. 이 과정은 지난 10,000년 이상 안정적으로 이어졌으나, 현재 남극의 빙하들은 급격한 속도로 무너지며 후퇴하고 있다.

남극과 남아메리카를 연결하는 주요 환경 논제는 이러한 빙하의 변화가 가져올 예상할 수 없었던 결과들이다. 기후변화의 상황과 함께 어업, 관광, 물류, 연구 등 인간의 활동 역시 남극의 환경에 많은 영향을 준다. 인간의 활동으로 외래종들이 남극에 도입되고 있으며, 이는 기존 남극의 생태계에 영향을 준다. 남극은 이러한 환경적 변화에서 노출되어 있고, 이미 남극해에서 미세플라스틱을 펭귄들이 섭취하는 사례가 보고되었다. 이러한 문제들은 '남극조약 체제'와 '환경보호위원회'에 중요한 과제이며, 문제들의 연결고리를 이해하기 위해서 국제 사회는 과학 네트워크를 결합한 전략을 마련하고 있다.

남극에 연관된 갈등과 분쟁에 '남극조약 체제'와 같은 다자적 거버넌스의 활용이 필요하다. 각국의 남극에 대한 영유권 주장은

〈남극조약〉으로 동결되어 있으나, 실제로는 여전히 진행되고 있으며 환경 보호와 과학 조사 등의 문제를 중심으로 구성된 '남극조약 체제'는 단순한 다자 조약을 넘어서 국제 사회가 남극 문제를 조율하고 규율하는 국제 거버넌스 체계로 발전했다. 아르헨티나와 칠레를 포함한 남아메리카의 국가들은 이러한 국제 사회 다자주의적 관리 전략의 성패를 좌우할 수 있는 관측과 조사에서 중요한 역할을 한다.

남극은 남아메리카의 국가들이 자국의 주권을 보호하고 국익을 위해서도 필요한 곳이다. 강력하고 효과적인 '남극조약 체제'를 유지하는 것이 지정학적으로 중요하고, 이 체계를 통해서 남극에 연결되는 국경의 평화를 보장할 수도 있다. 남아메리카의 국가들은 '남극조약 체제' 이외에도 다양한 환경 논제에 관련된 국제 사회의 논의에 참여하고자 한다. 2004년 9월부터 부에노스아이레스에서 운영되고 있는 〈남극조약〉 사무국은 남극에 관한 국제 사회의 다자 체제 유지의 핵심이다. 이와 같이 남아메리카는 남극 정책의 지속성을 위한 협력이 남극 논제에 관한 의사결정 과정에서 국가의 영향력을 증대시켜 이 지역에 대한 영향력을 확고히 할 수 있다고 믿는다.

한국도 이에 대한 관심을 가지고 국제 사회에서 역할을 확대해야 한다. '남극조약 체제'는 한국이 남극 지역에 관심을 키우고 활동을 강화하면서, 다른 국가들과의 남극 연구, 관광, 물류 서비스 등에 관한 협력을 확대하려고 하는 목표에 가장 먼저 만나는 국제 사회이기도 하다. 한국은 1990년대 이후부터 본격적으로 남극

그림 1 · 아리랑 3호가 촬영한 장보고과학기지.
출처: 한국항공우주연구원.

에 관한 정책과 계획을 수립했다. 이 과정에서 한국 정부는 남극에 세종기지와 장보고기지를 설치하고, 쇄빙연구선 아라온호 등을 건조하는 등 인프라 구축을 강화했고, '남극조약 체제'에서 협의 당사국으로 활동하며 적극성을 보였다. 이와 같은 남극에 관련된 한국의 적극적인 모습은 앞으로 더욱 강화될 것이다.

한편, 남아메리카는 남극 지역과 정치·경제·지리학적인 이해관계를 가지고 있으며, 자연스럽게 국제 사회에서 다른 국가와의 다각적 협력을 모색하고 있다. 한국은 비교적 최근에 남극에 관련된 국제 사회의 무대에 참여한 국가라는 점과 지리적으로 남극에 멀리 있다는 점 등이 남아메리카와의 협력을 부르는 기본적인 바탕이 된다. 그러나 한국은 국제 사회의 주요 구성원이자 남극의 환경 논제에 관하여 국제 사회의 요청을 감당해야 하는 위치에 있으므로, 남극에 관하여 한국이 가지지 못한 여러 긍정적인 요소를 확보한 남아메리카와의 적극적인 협력이 필요하다.

한국은 그동안 남극 활동에서 남아메리카의 국가들과 몇 가지 협력의 결과를 만들었다. 예를 들어, 1996년 한국은 페루와 남극에서의 과학·기술 및 보급 협력에 관한 협정을 체결하여 남극 기지로의 접근을 위한 국제법 기반을 마련했다. 리마에서 서명된 한국과 페루 사이의 이 양자 조약은 전체 10조로 구성되어 있으며, 주요 내용은 다음과 같다.

표 2 · 〈한국-페루 남극 과학·기술 및 보급 협력에 관한 협정〉의 조항 구성과 내용

조항	내용 요약	주요 사항
1	집행 기관	대한민국: 한국해양연구소 페루: 국가남극위원회
2	협력 방식	인력 교환 / 공동조사·기술개발 / 회의·세미나 참가 /정보 교환 / 기타 합의된 방식

3	활동 기간	공동 조사 사업: 1년(합의로 연장 가능) 회의·세미나: 2주 이내(보급 과정은 파견국 결정)
4	국내 협력 조정	집행 기관은 유관 기관과 협력하여 사업 수행 조정
5	우선 협력 분야	해양과학(생물학, 물리학, 화학 등) 지구과학(지질학) 대기·우주과학(기상, 천체물리학) 생명과학(인체생물학) 기타 합의 분야
6	사전 통보 및 승인 절차	파견국은 3개월 전 활동 정보 제공 접수국은 45일 내 회신 및 수정 제안 가능
7	재정 및 지원 조건	국제 왕복 여비: 파견국 부담 국내 여비: 접수국 부담 의료 지원: 접수국 제공 사고 관련 비용: 자국 부담 기타 합의 가능
8	행정 규칙 준수	파견 인원은 접수국 기관의 행정 규칙 준수
9	연간 활동 계획 및 회의	매년 합의된 일자에 회의, 의장직은 교대로 수행
10	발효 및 유효 기간	발효: 상호 통고 시점 유효: 5년 / 해지 통보 없으면 자동 연장 기존 사업은 만료일까지 유효

비교적 최근인 2017년에는 국제남극센터(Centro Antártico Internacional)가 있는 푼타아레나스에서 제6회 남극 과학 남아메리

카 회의가 열렸다. 한국은 2016년 칠레 남극연구소(INACH)와 한국극지연구소(KOPRI)가 공동으로 설립한 칠레-한국남극협력센터를 푼타아레나스에 설립했다.

한국의 국제 사회 참여가 점점 더 깊어지고 크게 확대되고 있는 만큼, 남극에 관한 문제에 있어서 남아메리카 국가와의 협력은 불가피하고 필요하다. 한국과 남아메리카 사이의 협력은 그동안 대체로 '남극조약 체제'와 같은 다자간 질서의 틀에 있었던 것이 사실이다. 그러나 양자 협력이나 동아시아-남아메리카 지역 간 협력도 적극적으로 진행되어야 하며, 한국에 더욱 실질적인 효과를 얻을 수 있는 부분이기도 하다. 국제 협력의 과정에서 남극과 밀접한 관련이 있는 그들의 환경 논제에 대한 태도와 법제가 어떻게 이루어지는지 관찰하면 한국에 많은 시사점을 제공할 수 있을 것이다.

3 한국의 극지 정책과 〈남극활동법〉

한국의 남극 관련 활동이 명확한 국내법적 근거를 가져야 한다는 의견이 공감을 얻으면서, 2004년 〈남극 활동 및 환경보호에 관한 법률(남극활동법)〉이 제정되었다. 이 법은 한국이 '남극조약 체제'에 적극적으로 참여하고 〈환경 보호에 관한 남극조약 의정서〉(마드리드 의정서)를 시행하기 위한 남극 활동에 관한 사항을 규정한다. 〈남극활동법〉의 목적은 궁극적으로 이러한 남극 활동을 통하여 남극 환경의 보호와 과학기술의 발전에 기여하는 것이며, 그 기능은 대체로 〈남극조약〉과 '남극조약 체제'의 환경 논제 등에 관한 국제법의 내용을 국내법으로 수용하고 구체화하는 것이다. 이 법은 전체 28조로 구성된 본문과 부칙으로 구성되어 있으며, 본문 조항의 구성은 다음과 같다.

표 3 · 〈남극활동법〉 조항의 구성

제1장 총칙
    제1조(목적)
    제2조(정의)
    제3조(금지 행위)

제2장 남극 활동의 허가
    제4조(남극 활동의 허가)
    제5조(남극 활동 허가의 신청)
    제6조(결격 사유)
    제7조(환경영향평가서 작성 등)
    제8조(허가에 관한 협의 등)
    제9조(조건부 허가)
    제10조(허가의 제한)
    제11조(허가를 받지 아니하는 남극 활동 등)
    제12조(허가의 취소 및 정지 등)

제3장 남극 환경의 보호

제13조(남극 토착 동식물의 포획 등의 승인)

제14조(남극특별보호구역 등의 보호)

제15조(폐기물의 처리 및 관리)

제16조(해양 오염 방지)

제17조(남극 환경 모니터링)

제4장 지도 및 감독

제18조(남극 활동 감시원의 지명 및 활동 등)

제19조(남극 활동 결과 등의 보고)

제20조(시정 명령)

제5장 남극 연구 활동의 진흥 등

제21조(남극연구활동진흥기본계획의 수립·시행)

제21조의 2(실태 조사)

제22조(홍보 및 교육)

제6장 벌칙

제23조(벌칙)

제24조(벌칙)

제25조(벌칙)

제26조(양벌 규정)

제27조(과태료)

이 법의 핵심 내용은 남극 활동을 관리 감독하기 위하여 활동의 허가 신청을 포함한 환경영향평가서의 작성, 동식물 보호를 위한 관련 활동의 허가, 남극특별보호구역 출입 및 활동, 폐기물 처리 및 관리, 해양 오염 방지, 남극 활동의 모니터링, 활동 결과의 보고에 관한 내용 등을 정하고 있다. 이 법은 '남극조약 체제'라는 국제법 기준과 절차를 국내법 질서로 수용했다는 의미를 가지며, 한국이 남극에서 활발히 연구 및 기타 활동을 하도록 지원하는 여러 규정도 포함했다.

다만 이 법 제5장 남극 연구 활동의 진흥 등에 관한 조항들은 남극연구활동진흥기본계획의 수립과 시행(제21조), 실태조사(제21조의 2), 홍보 및 교육(제22조)에 관한 내용을 담고 있다. 이와 같은 조항들은 국내 사회에서 남극에 관한 인식을 확대하고 효율적인 남극 정책이 구현될 수 있도록, 법적 기반을 구축했다는 특색을 가진다. 〈남극활동법〉의 제정은 한국이 국제적 환경 규범과 과학적 탐사 활동에 부합하는 법적 기반을 마련함으로써, 남극에 대한 국가적 책무를 제도적으로 이행할 수 있는 체계를 구축한 중대한 전환점이라 할 수 있다. 이 법의 제정이 가지는 구체적인 의미를 평가하면 다음과 같다.

첫째, '남극조약 체제'의 이행을 위한 국내법적 수단을 확보함으로써 국제법과 국내법 간의 연계를 공고히 했으며, 이는 남극 활동에 대한 법적 정당성을 강화하는 중요한 전환점을 마련했다. 둘째, 남극의 환경 보호를 위한 명확한 기준과 절차를 수립함으로써, 한국의 지속가능한 남극 활동을 보장할 수 있는 제도적 기반을 확보했다. 특히, 환경영향평가 절차의 도입, 폐기물 관리 및 배출 기준의 설정, 그리고 야생 동식물 보호 조항 등은 국제 사회에서 요구하는 환경적 책임을 충실히 반영한 결과로 해석될 수 있다.

셋째, 〈남극활동법〉에 따라 법률적 근거를 바탕으로 남극 활동에 대한 허가 제도가 도입되었으며, 이를 통해 민간 및 연구기관의 활동을 체계적으로 관리하고 감독할 수 있는 법적 장치가 마련되었다. 이러한 제도는 행정적 효율성을 증대시키는 동시에 활동의 투명성을 보장하는 중요한 기능을 수행하고 있다. 넷째, 남극 과학 기지 운영에 대한 법적 정당성을 확보함으로써, 과학 연구의 안정성과 지속가능성을 보장하는 제도적 기반이 마련되었다. 이는 극지 과학기술의 발전과 국제적인 과학 연구 협력에 기여하는 중요한 요소로 작용하고 있다. 다섯째, 〈남극활동법〉은 한국의 국제적인 위상을 강화하는 데 기여하고, 향후 국제 협상 과정에서 주도적인 역할을 할 수 있는 외교적 지렛대를 제공한다는 점에서 실질적인 외교적 성과 또한 수반한다고 평가된다.

표 4 · 〈남극활동법〉의 핵심적 의미

1. 국내법적 기반 마련
2. 남극조약 체제 이행
3. 국제법-국내법 연계 강화
4. 환경 보호 기준 및 절차 마련
5. 환경영향평가 도입
6. 폐기물 및 배출 관리
7. 야생 동식물 보호 조항

8. 허가 제도 도입 및 활동 관리
9. 행정 효율성과 투명성 제고
10. 과학 기지 운영의 법적 정당성 확보
11. 극지 과학기술 발전 기여
12. 극지 책임 국가로서의 위상 강화
13. 국제 협상에서의 외교적 지렛대 확보

〈남극활동법〉은 그 하위 법령인 시행령과 시행규칙이 세부사항을 규율한다. 〈남극활동법〉의 시행령은 이 법을 실행하기 위하여 필요한 구체적인 절차와 규정을 담고 있다. 이 시행령은 남극 활동에 대한 허가 절차, 활동 계획의 수립과 이행, 환경 보호를 위한 기준 등을 상세히 규정하고 있으며, 특히 남극 환경 보호와 관련된 조항은 국제 사회에서 요구하는 환경적 책임을 반영한다. 또한, 이 시행령은 남극 활동에 필요한 지원, 물류, 안전 관리 등을 어떻게 운영할지에 대한 세부적인 규칙도 포함되어 있다.

〈남극활동법〉 시행규칙은 시행령을 더욱 세부적으로 규정하는 하위 법령으로, 남극에서의 구체적인 활동에 필요한 세부 절차와 기준을 제시한다. 이 규칙은 남극에서의 연구, 환경 보호, 기지 운영, 인력 관리 등 여러 측면을 관리하고, 필요한 서류 제출 및 각종 절차를 규정함으로써 법률의 원활한 집행을 돕는다. 또한, 남극 활동과 관련된 각종 평가와 보고서 제출 의무 등을 명확히 하여, 한국의 남극 활동이 국제적인 규범과 일치하도록 보장한다.

4 한국의 〈극지활동진흥법〉

남극과 북극은 극지라는 공통점이 있으며, 때로는 국제 사회에서도 유사하게 인식되어 양 극지에 공통으로 적용되는 조약이 체결되는 경우가 있다. 한국이 '남극조약 체제'에 참여하고 〈남극활동법〉을 제정하면서 남극에 관한 정책과 국내법이 마련되었으나, 〈남극활동법〉과 비슷한 수준의 북극 활동에 관한 국내법은 존재하지 않았다. 한국이 2013년에 '북극이사회'의 정식 옵서버 지위를 취득하고 북극정책기본계획을 수립하면서, 극지 활동 전반에 관한 통일된 국가 정책과 근거 법이 마련되어야 한다는 논의로 이어졌다. 결국 〈남극활동법〉에서 시작된 극지에 관한 국내법 제정은 북극 활동을 포함하는 일반법(기본법) 제정의 과제로 이동했다.

여러 노력의 결과로 2021년 〈극지활동진흥법〉이 국회의 절차를 통과하고 법률 제18055호로 제정되었다. 〈극지활동진흥법〉의 목적은 극지의 지속가능한 발전과 체계적인 활동을 육성·지원하여, 국가의 경제 발전과 국민의 삶의 질을 향상시키고, 국제 사회에서 인류의 문제를 해결하려는 것이다. 이 법은 2021년 10월부터 시행되었고, 한국의 극지에 관한 국내법 기반과 일관성 있는 정책을 위한 기준이 마련되었다. 〈극지활동진흥법〉은 전체 16개 조항으로 이루어진 본문과 그 밖의 세부 사항을 명시한 부칙으로 구성되어 있으며, 대체로 극지활동진흥기본계획의 수립, 실태조사, 연구개발 등의 지원 및 전문 인력의 양성, 북극에서의 경제 활동 진흥, 극지 활동 기반 시설의 설치와 운영, 통합정보시스템의 구축과 운영 등의 근거를 규정하고 있다. 이 법 조항들의 구성은 다음과 같다.

표 5 · 〈극지활동진흥법〉의 조항 구성

제1조(목적)
제2조(기본 이념)
제3조(정의)
제4조(국가의 책무)
제5조(다른 법률과의 관계)
제6조(극지활동진흥기본계획 및 시행계획의 수립·시행)
제7조(실태조사)
제8조(연구개발 등의 지원)
제9조(전문인력의 양성)
제10조(북극에서의 경제 활동 진흥)
제11조(극지 활동 기반시설의 설치·운영)
제12조(국제 협력의 촉진)
제13조(극지통합정보시스템의 구축·운영)
제14조(극지 환경의 보호 및 안전관리)
제15조(교육·홍보)
제16조(권한 또는 업무의 위임·위탁)

〈극지활동진흥법〉은 제1조와 제2조에서 이 법의 목적과 취지를 명확히 규명하며, 제3조의 정의 규정과 함께 법적 체계의 기초를 제공한다. 제4조는 관련 국제조약의 준수와 국제 협력의 증진, 나아가 인류 공동의 문제 해결을 위한 국가의 기본적인 책무를 명시하고 있다. 또한, 제5조는 다른 법률과의 관계 속에서 이 법이 극지 활동에 관한 일반법적 성격을 지닌다는 점을 강조함으로써 법적 일관성을 부여한다.

〈극지활동진흥법〉 제6조는 극지활동진흥기본계획의 수립과 시행계획의 필요성을 규정하며, 이를 통해 기존에 분리되어 있던 남극 및 북극 관련 계획을 통합적으로 운영할 수 있는 법적 근거를 마련한다. 제7조는 이러한 계획 수립을 위한 실태조사와 자료 제출 요청을 근거로 하여 체계적인 자료 수집과 정보 공유를 위한 기틀을 마련한다. 이어 제8조는 연구개발의 촉진과 공동 연구 지원을 위한 국가의 책무를 명확히 규정하며, 제9조와 제10조는 각각 극지 관련 전문인력의 양성과 북극 지역 경제 활동 진흥을 위한 구체적인 시책을 제시한다.

또한 〈극지활동진흥법〉 제11조는 극지의 기반 시설 설치 및 운영을 다루며, 제12조는 극지 연구에 관한 국제 협력의 중요성을 강조한다. 제13조는 통합 정보 시스템의 구축을 통해 극지 활동의 관리와 협력을 효과적으로 지원할 수 있는 기반을 마련한다. 제14조는 극지의 환경 보호 및 안전의 관리 체계를 규명하며, 제15조는 극지 활동에 관한 교육 및 홍보 사업을 통해 국민적 인식을 제고하려는 의도를 나타낸다. 마지막으로, 이 법 제16조는 해양수산부 장관의 권한과 위임·위탁에 관한 규정을 통해 극지 활동의 제도적 기반을 더욱 공고히 하고 있다.

〈극지활동진흥법〉은 한국의 극지 활동 전반에 법적 근거와 방향을 제시하는 기본법으로서, 극지 정책의 일관성과 지속가능성을 확보하는 데 중요한 역할을 한다. 특히 제6조를 통해 남극과 북극을 아우르는 통합적 기본계획 수립의 법적 기반을 마련했다는 점에서 의의가 크며, 이를 통해 관련 기관들이 안정적으로 사업을 추진할 수 있는 제도적 틀을 갖추게 되었다. 제12조의 국제협력 조항은 극지 공공 외교 및 국제 기구 협력 등 다양한 형태의 국제적 연계를 가능하게 하여, 한국이 극지 외교와 국제 협력에서 실질적인 역할을 확대할 수 있는 토대를 제공한다.

〈극지활동진흥법〉 시행령은 극지 활동의 체계적 지원과 관리, 극지 기지 운영, 연구 프로젝트 지원, 그리고 국제 협력과 관련된 구체적인 절차를 규정한다. 이 법령은 특히 극지 환경 보호와 관련된 법적 규제와 기준을 설정하고, 극지 관련 과학 연구 활동을 촉진하기 위한 정책적 방안을 제시한다. 예를 들어, 극지 기지의 설치 및 운영에 관한 규정, 극지 환경영향평가 절차, 그리고 극지 연구에 필요한 재정적 지원의 세부사항이 포함된다. 또한, 이 법령은 극지 활동을 위한 기술적 기준, 재정적 지원, 인력 파견 및 기지 건설과 운영 절차에 관한 구체적인 지침도 포함된다.

〈극지활동진흥법〉 시행규칙은 극지 연구를 위한 실태조사 및 연구개발 지원 절차를 명확히 규명하며, 극지 전문인력의 양성과 기술 교류에 관한 규정을 구체화한다. 이 규칙은 또한 연구 지원 사업과 기술 개발 협력 프로그램을 위한 세부 실행 지침을 제시한다. 또한, 정보 공유와 관련된 규정도 포함되어 있으며, 극지 연구의 모니터링 및 보고 의무를 명시하고 있다. 이 법령은 극지의 환경 보호와 관련된 법적 기준, 안전관리 규정, 그리고 국제 협력을 위한 절차와 관리 시스템을 정의하며, 국제 협력 사업을 운영하는 데 필요한 법적 근거를 제공한다.

그러나 〈극지활동진흥법〉에는 몇 가지 구조적 문제점도 내포되어 있다. 대표적으로 이 법과 기존의 〈남극활동법〉 사이에서 기본 계획의 중복과 법적 근거의 이중성 문제가 발생하고 있으며, 주무 부처 사이의 관할 차이도 혼선을 일으킬 수 있다. '진흥법'이라는 명칭과 달리 이 법은 실제로 '기본법'적 성격을 강하게 띠고 있으므로, 명칭과 실질 기능 간의 괴리를 재검토할 필요가 있다. 또한 제5조의 다른 법률과의 관계에 관한 규정이 모호하여, 환경 분야 등 타 법률과의 충돌 시 법적 해석 기준이 명확하지 않다는 점도 보완이 요구된다.

하위 규범(시행령 및 시행규칙)과 상위 법 간의 정합성 문제는 해결해야 할 중요한 과제로 지적된다. 특히, 극지에 관한 국내법인 〈남극활동법〉의 하위 법령과 〈극지활동진흥법〉의 하위 법령 사이에는 충돌이 발생할 가능성이 존재하며, 이는 통합된 극지 정책의 실효성을 저해할 수 있다. 이러한 측면에서, 극지 관련 법령 사이의 체계적인 정비와 상호 보완적인 구조 수립이 요구된다. 또한, 정책 실행 과정에서 발생할 수 있는 혼선을 최소화하기 위해 실무적 법제 해석 기준의 정립이 필요하다.

국제적으로는 남극과 북극이 각각 다른 법 체계에 의해 규율되고 있지만, 기후변화·지구 환경 등 공통 이슈를 중심으로 한 조화된 국제법의 발전이 요구되고 있다. 한국은 그간 극지 국제법 논의에서 소극적이었으나, 최근 국제 사회에서의 위상과 역할 증가에 따라 극지 국제법의 형성에 중립적 이해 관계자이자 기여국으로의 역할을 기대할 수 있다. 이를 위해 〈극지활동진흥법〉은 미래의 새로운 국제 규범과 연계할 수 있는 유연한 기본법으로 진화할 필요가 있으며, 장기적인 안목에서 국내 법 체계 전반의 융합과 국제 규범 대응력을 갖추는 방향으로 개선되어야 한다.

5 한국의 남극 활동과 환경 보호, 그리고 남아메리카와의 협력

한국은 1986년 〈남극조약〉에 가입한 이후, 남극의 과학적 가치와 국제적 책무를 인식하고 지속적인 연구 기반을 구축했다. 한국은 과학 기지를 운영하며 대기, 생물, 지질, 해양 등 다양한 분야의 연구를 수행하고 있으며, 이것이 남극 환경의 변화를 감지하고 기후변화에 대응하는 국제적 역량을 강화하는 것에 기여하고 있다. 최근 한국은 〈남극활동법〉과 〈극지활동진흥법〉을 제정하여 과학적 탐사뿐 아니라 환경 보호, 국제 협력, 정책의 일관성 등 전반적인 제도적 틀을 강화했다. 이제 한국은 과학 연구의 질적인 발전과 함께 환경 보전과 국제 공조의 균형을 갖추는 정책을 추진해야 할 시점에 도달했다.

남극은 지구에서 가장 순수하고 원시적인 생태계를 보유하고 있지만, 최근 지구 온난화와 인간 활동의 영향으로 점차 위협을 받고 있다. 특히 해빙의 감소, 생물 다양성의 위협, 외래종의 침투, 해양 산성화 등은 남극의 환경 문제를 심화시키고 있으며, 이는 전 세계적인 문제와 직결된다. 이러한 상황에서 한국은 남극의 환경을 단순히 연구의 대상으로만 삼을 것이 아니라, 이를 인류 공동의 자연유산으로 간주하고, 국제 사회에서 환경 보호와 생태 보존을 위한 주체적인 역할을 적극적으로 수행해야 한다.

남극과 가장 가까운 지리적 위치에 있는 남아메리카의 국가들, 특히 칠레와 아르헨티나는 남극 활동에서 주도적인 역할을 하고 있다. 이들 국가는 다수의 과학 기지를 운영하고 있으며, 물류, 기후 정보, 구조 활동 등 다양한 분야에서 역량을 축적했다. 한국은 세종기지를 운영하면서 이미 칠레의 푼타아레나스를 활용하여 실질적인 협력을 유지하고 있다. 이를 확장하여, 남극의 환경 문제에 대응하는 과학적 자료의 교환과 공동 대응을 통해 다자 협력 파트너십을 발전시킬 수 있다.

한국은 위성 기반 원격탐사, 극지의 환경에 대한 모니터링, 기후 모델링 기술 등에서 강점을 보유하고 있으며, 이는 남극 연구의 핵심 기술로 자리 잡을 수 있다. 반면, 남아메리카의 국가들은 현장 접근성과 운송 인프라에서 우위를 점하고 있다. 이들의 기술적 장점을 결합하면, 해양 생태계의 변화, 해빙의 이동 경로, 해양 미세플라스틱 확산 등 국제 사회의 주요 논제들에 대한 공동 연구를 효과적으로 진행할 수 있다. 예를 들어, 아르헨티나 우루

그림 2 • 다양한 유형의 남극 해빙이 복잡하게 섞인 모습.
출처: NASA.

과이와의 공동 연구선 운항 협정 체결 및 극지 공동 연구센터 설립 등의 방안은 국제 사회에서 한국의 과학 네트워크 입지를 강화하는 동시에, 남극의 환경 문제에 대한 정밀하고 종합적인 대응을 가능하게 할 것이다.

남극 연구의 물류 기반은 연구의 성패를 좌우할 만큼 중요한 요소이며, 남아메리카 국가들과의 물류 협력은 한국의 남극 활동에 안정성을 제공한다. 현재 한국은 푼타아레나스를 통해 세종기지로 연료, 식량, 과학 장비 등을 수송하고 있지만, 물류 비용 및 기상 조건의 불확실성은 여전히 문제로 남아 있다. 따라서 항공로의 공유, 물류 창고의 공동 운영, 긴급 의료 협력 체계 구축 등 실질적인 협력을 확대하여 이러한 문제를 해결할 필요가 있다. 또한, 공동 구조 훈련 및 재난 대응 시뮬레이션을 통해 인도주의적 대응 능력을 제고하는 것은 환경 보호와 안전 확보 측면에서 중요한 협력의 주제가 될 것이다.

남극의 환경 보호는 단순한 과학기술적 문제를 넘어 정치적·외교적 의제와 관련된다. 한국은 남아메리카와의 협력을 통해 환경 보호와 관련된 외교 역량을 강화할 수 있으며, 이는 공공 외교의 확대 전략과도 연결된다. 예를 들어, 청년들을 대상으로 하는 남극의 환경에 관련된 캠프나 연구 인턴십 프로그램 공동 운영, 다큐멘터리 제작 등은 양측의 인식 교류를 촉진하고, 남극 보호에 대한 시민 의식을 고취하는 것에 기여할 것이다. 나아가, 남극의 국제법적 지위에 관한 공동 세미나 개최는 한국을 '중립적 이해관계자'로서의 입지를 확립하는 데 도움이 될 것이다.

효과적인 남극 협력을 위해서는 단기적인 사업보다는 제도화된 협력 체계의 구축이 더 중요하다. 이를 위해 양자 협정의 체결, 공동위원회의 설치, 정보 공유 체계의 구축 등이 필요하다. 또한, 이를 〈극지활동진흥법〉과 〈남극활동법〉에 반영하여 법적 정합성과 통합성을 확보할 필요가 있다. 특히, 두 법률 간 계획 수립과 시행 체계의 중첩 문제를 해결하고, 남아메리카 국가들과의 협력이 법적 근거를 가지고 유기적으로 작동할 수 있도록 명확한 기준을 마련해야 한다.

장기적으로 한국은 남극에서의 활동을 단순한 탐사나 과학적 연구를 넘어서, 국제 사회가 추구하는 공동의 가치 실현을 위한 활동으로 재정립해야 한다. 남극은 기후위기의 최전선으로, 미래 세대를 위한 환경 유산으로서 중요한 가치를 지닌다. 따라서 한국은 '환경 책임 국가'로서의 정체성을 확립해야 한다. 남아메리카와의 협력은 이 과정을 가속화하는 전략적 선택이며, 법제 운영, 과학 기반의 정책 수립, 국제적 연대는 남극 보호를 위한 글로벌 거버넌스를 형성하는 데 중요한 역할을 할 것이다. 이는 궁극적으로 남극을 둘러싼 국제법의 발전과도 밀접하게 연결되며, 한국의 글로벌 위상을 강화하는 길이기도 하다.

참고문헌

강량, 「국제 환경레짐(Environmental Regime)에 관한 소고: 남극조약 체제(System)를 중심으로」, 『Ocean and Polar Research』 28(2), 2006.

권오국, 「남북한 상생의 신지정학」, 『북한연구학회보』 15(2), 2011.

김기순, 「남극과 북극의 법제도에 대한 비교법적 고찰」, 『국제법학회논총』 55(1), 2010.

김기순, 「Polar Code의 의미와 국내 이행을 위한 과제」, 『극지와 세계』 20(3), 2020.

김단비, 이상만, 「중국의 북극 전략 연구: 한국과의 비교를 중심으로」, 『현대중국연구』 23(4), 2022.

김민수, 「북극 거버넌스와 한국의 북극정책 방향」, 『해양정책연구』 35(1), 2020.

김봉철, 「북극항로 협력 등 한-러 무역활성화 구축을 위한 연구」, 『무역학회지』 44(4), 2019.

김봉철 · 김단비, 「한·중·일 극지관련 국내법 비교 연구」, 『한일군사문화연구』 40, 2024.

김봉철·김용희, 「Enactment and evaluation of the Polar Activities Promotion Act」, 『한국과 국제 사회』 6(1), 2022.

김봉철·김호, 『극지거버넌스의 이해』, 서울: 삼영사, 2024.

김봉철·심민섭, 「북극해 및 북극 지역 관련 국제법과 국내법의 조화」, 『한국 해법학회지』 44(2), 2022.

김봉철·심민섭·양하은, 「극지활동에 관한 한국과 일본의 법제 비교」, 『한국사회과학연구』 42(1), 2023.

김봉철·심민섭·최지원, 「극지역에 관한 한국과 중국의 활동과 법제 비교」, 『전북대학교 동북아 법연구』 17(2), 2023.

김봉철·임소라, 「브라질 원주민의 토지권에 대한 법제: 포르투갈 식민지 시대부터 현대 브라질 헌법까지」, 『한국사회과학연구』 43(3), 2024.

김봉철·임소라·양수영·박철용, 「유럽의 아메리카 식민 지배 과정에서 나타난 원주민 관련 법제 연구—스페인 사례를 중심으로」, 『통합유럽연구』 14(2), 2023.

김윤권 외, 『중국의 국정운영에 관한 연구: 해양 행정 및 정책을 중심으로』, 세종: 경제인문사회연구회, 2021.

김예동, 「남극연구과학위원회(SCAR) 아시아 최초 의장국으로서 우리나라 남극 활동 강화방안」, 『극지와 세계』 4, 2021.

김정훈·백영준, 「한국과 일본의 북극 연구 경향 및 전략 비교」, 『한국시베리아연구』 21(2), 2017.

김지혜 외, 「북극 해상운송 규범 분석을 통한 우리나라 대응방안 연구」, 한국해양수산개발원, 2020.

김지희, 「남극조약 체제의 발전과정과 환경보호위원회의 역할과 전망」, 『Ocean and Polar Research』 40(4), 2018.

김호 · 이하얀 · 김봉철, 「남대서양 해양 분쟁이 국제사회와 한국에 주는 시사점——포클랜드(말비나스) 사례를 중심으로」, 『이베로아메리카』 27(1), 2025.

김태환, 「신북방정책으로서의 유라시아 이니셔티브: '신지정학적 접근'의 외교전략적 함의」, 『주요국제문제분석』, 2014-33, 2014.

라미경, 「스발바르조약 100주년의 함의와 북극권 안보협력의 과제」, 김정훈 편, 『지금 북극은——제2권 북극, 인문 지리 공간』, 서울: 학연문화사, 2016.

박배근, 「일본 국내법상의 유엔 해양법협약 이행에 관한 고찰」, 『동서연구』 26(4), 2014.

박성욱 · 양희철, 「일본의 해양기본법 제정과 우리의 대응방안 연구——한중일 해양행정 체계 비교를 중심으로」, 『Ocean and Polar Research』 30(1), 2008.

박수진 외, 「국가남극정책 추진전략에 관한 연구」, 해양수산개발원 연구보고서, 2012.

박예나 외, 「남극환경보호의정서 제6부속서의 국내이행을 위한 법제 정비방안 연구」, 수시연구 2022-05, 한국해양수산개발원. 박종관 · 이상철, 「북극 정책 추진과 전략 연구: 일본 사례를 중심으로」, 『인문사회 21』 13(5), 2022.

박찬현, 「러시아-우크라이나 사태 이후 러시아 북극산업정책의 방향성과 시사점: '2035 북극항로 개발계획'을 중심으로」, 『북극연구』 34, 2023.

박영민, 「한·중·일의 북극 전략과 협력 거버넌스의 구축 필요성」, 『중소연구』 39(1), 2015.

배영자, 「한국 중견국 외교와 북극: 북극이사회 옵서버 승인과 중견국 지위 형성 연구」, 『국가전략』 22(2), 2016.

백영준 외, 「중국의 북극연구 경향 분석: 데이터 분석을 중심으로」, 『한국시베리아연구』 24(3), 2020.

서현교, 「중국과 일본의 북극정책 비교 연구」, 『한국시베리아연구』 22(1), 2018.

서현교, 「한국의 북극정책 과제 우선순위에 대한 평가와 분석」, 『한국시베리아연구』 23(1), 2019.

서현교, 「우리나라 남북극 기본계획 통합방안과 평가」, 『한국시베리아연구』 24(1), 2020.

서현교·최영준, 「한국북극연구컨소시엄(KoARC)의 진단과 미래방향」, 한종만 편, 『지금 북극은——제3권 북극, 지정·지경학적 공간』, 서울: 학연문화사, 2021.

양희철 외, 「남북극의 국제법 레짐 변화 대응한 국내법제 정비 및 국가전략 수립」, 해양정책연구소 보고서, 2013.

양희철, 「중국의 해양관련 법제와 유엔해양법협약의 국내법적 수용에 관한 연구」, 『동서연구』 26(4), 2014.

유시현, 「일본의 북극정책 형성과 정책화 과정」, 『인문사회21』 14(1), 2023.

유진호, 「지구온난화에 따른 국제해사기구 Polar Code 발효와 향후의 과제: 북극과 남극의 개방적 규제와 친환경정책 어젠다 확장의 기점」, 최신외국법제정보, 한국법제연구원, 2019.

윤영미, 「러시아의 북극지역에 대한 해양안보 전략: 북극해 개발과 한-러 해양협력을 중심으로」, 『동서연구』 21(2), 2009.

이길원, 「환경보호에 관한 남극조약 의정서(마드리드 의정서)상 환경영향평가제도에 관한 연구」, 『성균관법학』 30(4), 2018.

이석주, 「남극·북극 연구도 카르텔? ······ 내년 '극지 R&D' 예산 반토막」, 국제신문, 2023.

이영형, 「시베리아 공간의 지정학적 의미와 러시아: 지정학적 요소/분석단위를 중심으로」, 『한국과 국제정치』 20(4), 2004.

이용희, 「북극 북서항로의 국제법적 지위에 관한 연구」, 『경희법학』 47(4), 2012.

이용희, 「북극 스발바르조약에 관한 연구」, 『해사법연구』 25(2), 2013.

이종익·전성준, 「남극에서의 글로벌 한국: 우리의 길, K-루트와 남극 첨단연구의 오늘과 미래」, 『극지이슈리포트』, 2020.

임유진·이연호, 「북극의 정치학과 북극정책의 새로운 길」, 『동서연구』 26(4), 2014.

정보라, 「신지정학과 북극해 레짐: 한국과 노르웨이의 협력을 중심으로」, 『글로벌정치연구』 7(2), 2014.

최우익·라승도·김봉철, 『북극의 이해』, 서울: HUiNE, 2021.

최철영, 「남극조약 체제의 국내입법 방향연구」 연구보고 2000-03, 한국법제연구원, 2000.

표나리, 「중국의 북극 진출 정책과 일대일로 '빙상 실크로드' 전략의 내용 및 함의」, 『중소연구』 42(2), 2018.

극지활동진흥법(법률 제18055호, 2021. 4. 13.), https://www.law.go.kr/법령/극지활동진흥법

극지활동진흥법 시행령(대통령령 제32025호, 2021.10.5.), https://www.law.go.kr/법령/극지활동진흥법시행령

극지활동진흥법 시행규칙(해양수산부령 제501호, 2021.10.12.), https://www.law.go.kr/법령/극지활동진흥법시행규칙

Abdenura, Adriana Erthal, and Danilo Marcondes Neto, "Rising Powers and Antarctica: Brazil's Changing Interests", *The Polar*

Journal 4(1), 2014, pp. 1-15.

Baek, Byung-yeul, "Korea Arrives at Candidate Site for Antarctic Inland Research Station", *The Korea Times*, 2024. https://www.koreatimes.co.kr/www/tech/2024/04/129_366172.html(접속일: 2024.05.14).

Biagioni, Matilde, "China's Push-in Strategy in the Arctic and Its Impact on Regional Governance", *IAI Commentaries*, 23-41, 2023, pp. 1-7.

Chang, Yen-Chiang, "Chinese Legislation in the Exploration of Marine Mineral Resources and Its Adoption in the Arctic Ocean", *Ocean & Coastal Management* 168, 2019, pp. 265-273.

Chen, Liqi et al., "Overview of China's Antarctic Research Progress 1984-2016", *Advances in Polar Science* 28(3), 2017, pp. 151-160.

de Aguiar, Mônica Heinzelmann Portella, "Tripartite Periodization of the Antarctic Treaty System from a Systemic Perspective", *Relaciones Internacionales* 28(56), 2019.

de Oliveira, Alana Camoça Gonçalves, "The Dragon's Footprints in the South Pole: A Study on Chinese Strategies and Actions in Antarctica and Its Implications for Brazil", *Austral: Brazilian Journal of Strategy & International Relations* 10(19), 2021.

de Oliveira Andrade, Israel, Leonardo Faria de Mattos, Andrea Cancela da Cruz-Kaled, and Giovanni Roriz Lyra Hillebrand, "Brazil in Antarctica: The Scientific and Geopolitical Importance of PROANTAR in the Brazilian Strategic Surrounding Area", *Discussion Paper 251*, Institute of Applied Economic Research, 2020.

Donoso, V., "Chilean Strategy Towards Antarctica", Defense Technical Information Center, 2016, pp. 1-40.

Ferrada, Luis Valentín, "Latin America and the Antarctic Treaty System as a Legal Regime", *The Polar Journal* 9(2), 2019.

Gavrilov, V., R. Dremliuga, and R. Nurimbetov, "Article 234 of the 1982 United Nations Convention on the Law of the Sea and Reduction of Ice Cover in the Arctic Ocean", *Marine Policy* 106(2), 2019, pp. 1-6.

Gong, Keyu, "The Cooperation and Competition between China, Japan, and South Korea in the Arctic", in *Asian Countries and the Arctic Future*, 2016, pp. 237-254.

Harrison J., "Towards Integrated Management of Regional Marine Protected Area Networks", *The Korean Journal of International and Comparative Law* 9(2), 2021, pp. 212-242.

Hataya, Sakiko, "Japan's Arctic Policy: Status and Future Prospects" *Asia Policy* 18(1), 2023, pp. 20-28.

Heng, Calvin, and Eyck Freymann, "Outsiders Wanting In: Asian States and Arctic Governance", *Policy Brief*, Arctic Initiative, 2023. https://www.belfercenter.org/sites/default/files/files/publication/Heng%20Freymann_Asian%20Arctic%20Observers_FINAL.pdf (접속일: 2024.05.22).

Hong, Nong, "China and the Antarctic: Presence, Policy, Perception, and Public Diplomacy", *Marine Policy* 134, 2021, 104779.

Jensen, M., and M. Vereda, "The Origins and Development of Antarctic Tourism Through Ushuaia as a Gateway Port", in Springer International Publishing 25, 2016, pp. 75-99.

Keith, W., and W. Heikkila, "Historical Introduction", *Earth's Magnetosphere* 2(1), 2021, pp. 1–88.

Kennicutt II, Mahlon C., Yeadong Kim, and Michelle Rogan-Finnemore, "Antarctic Roadmap Challenges", The ARC Workshop Writing Group, COMNAP Reports, 2016.

Kim, B., and M. Shim, "International and National Laws on the Arctic Sea and the Arctic Region", *The Journal of Korea Maritime Law Association* 44(2), 2022, pp. 145–170.

Kim, Bongchul, and Minsub Shim, "Possibility of Cooperation between Korea and South American Countries on Antarctic Issues", *Korea and Global Affairs* 7(2), 2023.

Kim, Danbi, *A Study of Korea's Polar-Related Laws and Policies: Focusing on a Comparison with China and Japan*(Ph.D. dissertation, Hankuk University of Foreign Studies, 2024).

Kokke, Marcelo, Maraluce Maria Custódio, and Lyssandro Norton Siqueira, "Brazil's Environmental Legal Framework: Environmental Goods Regulation", *Beijing Law Review* 4, 2023.

Krasner, Stephen D., *International Regimes*, New York: Cornell University Press, 1983.

Lamus, Fernando Villamizar, "Antarctic Treaty and Antarctic Territory Protection Mechanisms", *Revista Chilena de Derecho* 40(2), 2013.

Li, X., "Shall the Forthcoming Chinese Antarctic Law Be Obligation-Oriented?", *The Geographical Journal* 189, 2023, pp. 7–17.

Liu, Nengye, "The Rise of China and Conservation of Marine Living Resources in the Polar Regions", *Marine Policy* 121, 2020, pp. 1–6.

Lorenzo, Cristian, "Understanding Latin American Cooperation on

Antarctic Issues", in Anders Beal(ed.), *The White Continent and South America: Climate Change, Global Policy, and the Future of Scientific Cooperation in Antarctica*, Washington, DC: Woodrow Wilson International Center for Scholars, 2020.

McAllister, Lesley, *Making Law Matter: Environmental Protection and Legal Institutions in Brazil*, Stanford: Stanford University Press, 2008.

Moe, Arild, and Olav Schram Stokke, "Asian Countries and Arctic Shipping: Policies, Interests and Footprints on Governance", *Arctic Review on Law and Politics* 10, 2019, pp. 24–52.

Planning Department, "50 Years of Antarctic Research Expeditions by the Geographical Survey Institute", *Bulletin of the Geographical Survey Institute* 54, 2007.

Runde, Daniel F., and Henry Ziemer, "Great Power Competition Comes for the South Pole", Center for Strategic and International Studies, 2023. https://www.csis.org/analysis/great-power-competition-comes-south-pole(접속일: 2024.05.03).

Sacks, Benjamin J., and Peter Dortmans, "What Are China's Long-Term Antarctic Ambitions?", RAND Commentary, 2024. https://www.rand.org/pubs/commentary/2024/04/what-are-chinas-long-term-antarctic-ambitions.html(접속일: 2024.05.02).

Serizawa, Nobuo, "Research Vessel Departs for Antarctica with 'Gachapin' Mascot to Join". https://featured.japan-forward.com/japan2earth/2022/11/1606/(접속일: 2024.06.03).

Shibata, Akiho, "Japan and 100 Years of Antarctic Legal Order: Any Lessons for the Arctic?", *The Yearbook of Polar Law Online* 7(1), 2015, pp. 1–54.

Simões, Jefferson Cardia, "A Brazilian Perspective on Antarctica and the Southern Ocean", in Anders Beal (ed.), *The White Continent and South America*, Washington, DC: Woodrow Wilson International Center for Scholars, 2020.

Stefenon, V. M., L. F. W. Roesch, and A. B. Pereira, "Thirty Years of Brazilian Research in Antarctica: Ups, Downs and Perspectives", *Scientometrics* 95, 2013.

Stewart, E. J., and D. Draper, "The Sinking of the M.S. Explorer: Implications for Cruise Tourism in Arctic Canada", *Journal of The Arctic Institute of North America* 61(2), 2009, pp. 119-231.

Tonami, Aki, "Arctic Newcomers: The View from Japan, South Korea and Singapore", *Global Asia* 8(4), 2013, pp. 102-106.

Tonami, Aki, and Stewart Watters, "Japan's Arctic Policy: The Sum of Many Parts", *Arctic Yearbook*, 2012, pp. 93-103.

Triggs, Gillian, "The Antarctic Treaty System: A Model of Legal Creativity and Cooperation", in Science Diplomacy: Antarctica, Science, and the Governance of International Spaces(2011).

Watanabe, Kentaro, "The Japanese Antarctic Research Expedition in Progress and Its Organization", *J. Black Sea/Mediterranean Environment* 20(1), 2014, pp. 78-91.

"Antarctic Division." https://www.minrel.gob.cl/minrel/foreign-policy/antarctic-division(접속일: 2023.03.14).

Arctic Challenge for Sustainability, https://www.nipr.ac.jp/arcs/e/about/(접속일: 2024.05.30)

"History of the Convention." https://www.ccamlr.org/en/organisation/

history-convention(접속일: 2023.03.14).

"International Convention for the Prevention of Pollution From Ships (MARPOL)." https://www.imo.org/en/about/Conventions/Pages/International-Convention-for-the-Prevention-of-Pollution-from-Ships-(MARPOL).aspx(접속일: 2023.03.14).

"Introduction of Antarctic King Sejong Station." https://eng.kopr i.re.kr/eng/html/infra/03010101.html(접속일: 2023.03.14).

"Ministerio de Relaciones Exteriores, Comercio Internacionaly Culto." https://www.cancilleria.gob.ar/en/news/newsletter / antarctica-and-argentine-ministry-foreign-affairs(접속일: 2023.03.14).

"Opening of Chile-Korea Antarctic Cooperation Center." https://repository.kopri.re.kr/handle/201206/4950(접속일: 2023.03.14).

"Protocol on Environmental Protection to the Antarctic Treaty(the Madrid protocol)." https://www.antarctica.gov.au/about-antarctica/law-and-treaty/the-madrid-protocol/(접속일: 2023.03.14).

"Secretariat of the Antarctic Treaty Related agreements." https://www.ats.aq/e/related.html(접속일: 2023.03.14).

"The Antarctic Treaty explained. British Antarctic Survey." http s://www.bas.ac.uk/about/antarctica/the-antarctic-treaty/ the-antarctic-treaty-explained/(접속일: 2023.03.14).

"The Antarctic Treaty System: Ministry of Foreign Affairs, repub lic of korea. The Antarctic Treaty System." https://www.mofa.go.kr/eng/wpge/m_5433/contents.do(접속일: 2023.03.14).

"The rise of a new Antarctic Law research community." https:// www.researchgate.net/publication/344333448_The_rise_of_a_new_Antarctic_Law_research_community(접속일: 2023.03.14).

China Today, "China's Antarctic Exploration: 1984-2016", 2014. http://www.chinatoday.com.cn/english/society/2014-02/17/content_596854_2.htm(접속일: 2024.05.29)

Japan's Nordic Diplomacy Initiative, https://www.mofa.go.jp/files/10060 4976.pdf(접속일: 2024.05.11)

Jiji Press, "Japan Announces New Diplomatic Initiative on Nordic Ties", *The Japan News, 2024*. https://japannews.yomiuri.co.jp/politics/politics-government/ 20240110-161022/(접속일: 2024.05.13)

KOPRI, https://www.kopri.re.kr/kopri/html/rsch/020302.html(접속일: 2023.12.17)

Korea Polar Portal Service, https://www.koreapolarportal.or.kr/coop/arcticMulti.do#this(접속일: 2024.05.03)

Korea Polar Portal Service, [Online] Available at: https://www.koreapolarportal.or.kr/coop/ detail/arcticMulti.do?PST_NUM=10736(접속일: 2024.05.01)

NIPR, https://www.nipr.ac.jp/english/outline/summary/history.html (접속일: 2024.06.03)

NIPR, https://www.nipr.ac.jp/english/collaborative_research/antarctic.html(접속일: 2024.06.03)

NIPR, https://www.nipr.ac.jp/antarctic/aboutjare/(접속일: 2024.05.03)

남극의 환경 남미의 규율
지구의 끝, 남극을 둘러싼 남미 국가들의 법제와 협력

1판 1쇄 발행 2025년 7월 31일

지은이 | 김봉철 · 김호
펴낸이 | 조영남
펴낸곳 | 알렙

출판등록 | 2009년 11월 19일 제313-2010-132호
주소 | 경기도 고양시 일산서구 중앙로 1455 대우시티프라자 715호
전자우편 | alephbook@naver.com
전화 | 031-913-2018, 팩스 | 031-913-2019

ISBN 979-11-89333-98-0 (93300)

* 이 책은 2019년 대한민국 교육부와 한국연구재단의 지원을 받아 수행된 연구입니다. (NRF-2019S1A6A3A02058027).
* This work was supported by the Ministry of Education of the Republic of Korea and the National Research Foundation of Korea(NRF-2019S1A6A3A02058027)

* 책값은 뒤표지에 있습니다. 잘못된 책은 바꾸어 드립니다.